고려사이버대학교

# 바른 한국어

THE CYBER UNIVERSITY OF KOREA **QUICK KOREAN**

# 1

## KOREAN FOR FOREIGNERS

감수 **남기심**

집필 **강현화 · 원미진 · 김유미 · 남은경**

집현재

# 「바른 한국어 1」의 교재 출간에 즈음하여

고려사이버대학교는 '온라인'(on-line)대학의 특성을 십분 활용하여 한국어의 국제화(globalization of Korean language)에 도움이 되고 싶은 마음에서 한국어를 공부하기를 원하는 사람이면, 누구나, 어디에서나, 그리고 언제나 한국어를 공부할 수 있는 온라인 한국어교육프로그램을 개발하여 봉사하게 된 것을 기쁘게 생각한다. '모바일 폰'(mobile-phone), '태블릿'(tablet), 그리고 '데스크톱'(desk-top)이나 '노트북'(note-book) 등을 이용하면 세계 어디서나 고려사이버대학교가 제공하는 한국어 공부를 할 수 있다.

고려사이버대학교의 「바른 한국어」 프로그램이 온라인 교육프로그램이기 때문에 인쇄매체를 이용한 전통적인 학습교재가 필수인 것은 아니다. 그러나 이런 전통적인 교재는 후에 계획하는 e-book으로의 전환을 손쉽게 해 줄 뿐만 아니라, 아직도 전통적인 '교재'에 애착을 가진 사람들이 많은 것도 사실이다. 요즈음에는 여러 매체를 통해 뉴스를 쉽게 접할 수 있지만, 아직도 '종이' 신문을 통해 확인해 보려는 사람들도 많다. 이 온라인 교육콘텐츠를 책 형태의 교재로 만든 또 하나의 이유는, 우리 학교가 주관하는 '다문화가정 e-배움 캠페인'의 수강생들이 온라인콘텐츠 외에 별도로 교재를 요구해 왔기 때문이다. 무엇보다도, 「바른 한국어」 수강생들이 후에 다른 사람에게 한국어를 가르칠 기회가 생길 때 이 교재는 큰 도움이 될 것이라는 것을 믿고 이 교재를 출판하게 된 것이다. 「바른 한국어」 홈페이지를 개방하는 날에 맞추어 이 교재를 출판하게 된 것을 기쁘게 생각하며, 관계자 여러분들의 노고에 감사를 드림과 동시에 축하의 말씀을 드리고 싶다.

나는 온라인을 통한 「바른 한국어」 교육프로그램과 그 교육내용을 담은 「바른 한국어」 교재를 출간하면서 남다른 감회가 있다. 우선 한국어를 배우고 싶어하는 세상 사람들의 수가 그렇게 많다는 것과 그 수가 매년 증가하는 것에 새삼 놀라게 됐다. 한국어능력시험 응시자 수를 두고 볼 때, 1997년의 응시자 수가 2,692명이던 것이 2013년에는 60개국 174지역에서 7만 명이 응시했다고 한다. 2013년까지 응시 누적자가 100만 명을 돌파했다고 한다. 내가 미국 유학을 시작한 1960년대 초만 해도 일부 미국 사람들이 나를 보고 "중국에서 왔느냐?"라고 물었을 때 "아니다"라고 하면, "그러면 일본에서 왔느냐?"라고 묻기 마련이었다. 그때도 "아니라"고 대답하면, "그럼 도대체 어디에서 왔느냐?"고 물었다. 한국이 수천 년 동안 독립한 왕정을 유지하면서 지속적이고 찬란한 문화를 유지했지만, 한국은 세상 사람들에게 잘 알려지지 않았다. 윌리엄 그리피스(William Griffis) 같은 이는 한국을 '은둔의 나라'(hermit nation)로 묘사하기까지 했다. 조지 캐넌(George Kennan) 같은 이는 한국을 '쇠퇴한 동양문명의 부패한 산물'이라는 표현을 하는 것도 서슴지 않았다.

한국에 대한 이런 편견을 가진 서양사람들에게 나는 영어로 글을 쓸 수 있다는 '호기'(豪氣) 하나만 믿고, 한국에 관한 책과 논문을 써서 한국을 소개해보려는 노력을 해 보았다. 한국에 관심이 있는 서양 인류학자들을 부추겨 한국연구집단(Anthropologists for Korean Studies: AKS)을 만들고 한국에 관한 좋은 책을 쓰도록 권유도 해 보았다. 그러나 학문적인 책들만 출판하는 미국 대학출판사들의 주목을 끌지 못했다. 그들이 한국에 관한 학문적인 책을 출판하는 것은 일본이나 중국에 관한 책 출판에 비해 잠재적인 독자 수가 한정되어 있어 재정적으로 위험부담이 크기 때문이라고 했다. 내가 한국에 관한 책을 미국 대학출판사들로부터 출판하기 시작한 것은 내가 미국 사회에 대한 책을 출판하고, 그 반응이 좋은 이후에서야 한국에 대해서 쓴 책을 출판하게 되었다. 이는 시기적으로는 1980년대 이후여서 한국의 경제발전과 한국의 위상이 서구사회에서 호전된 이후였다.

그러나 내가 미국에서 36년간을 체류하는 사이에 세상은 많이 바뀌었고, 서구 사람들, 특히 미국 사람들이 한국과 한국 사람들에 대해서 갖는 관심이 달라졌다. 일본의 식민지에서 풀려난 후 국토가 초토화된 6·25 전쟁을 겪고, 세상에서 가장 가난한 나라 중의 하나였던 한국이, 60여 년 사이에 세계 13~15위의 경제 대국으로 발전하면서도 진정한 민주주의와 시민사회를 이룩했다. 실로 한국은 "불가능한 일을 해낸 나라"(the impossible country)임에 틀림없다. 원조를 받던 수혜국에서 원조를 공여하는 나라로 바뀌면서 한국의 대중문화의 인기는 경제발전 못지않게 외국 사람들의 마음을 사로잡았다. 또, 해외에 거주하는 한국동포들도 조국의 발전에 대한 자부심이 커지면서 한국의 문화유산과 정보를 공유하려는 요구도 강렬해지기 시작했다.

이와 함께 근래 「한국어 - 한글」에 대한 세계인들의 관심은 한국의 국제적인 위상의 상승과 '한류'의 열기에 비례하고 있는 것 같다. 또, 한국기업의 해외직접투자 증가로 인해 한국기업에 종사하는 외국 근로자나 종업원들이 한국어를 배우기를 열망하고 있다. 한글이 외국 사람들에게 인기 있는 것은 한글 그 자체가 지닌 장점이 가장 큰 이유인지 모른다. 우선 한글은 쉽게 배울 수 있는 문자일 뿐만 아니라 합리성, 과학성, 독창성이 세계문자 중에서 으뜸이기 때문이라고 생각한다. 근래 한글에 매료된 구글(Google)의 에릭 슈미트(Eric Schumidt) 회장도 한글은 배우기 쉬울 뿐만 아니라 사람들 간에 정보소통이 가장 좋은 문자라고 극찬한 바 있다. 실로 한글은 음소문자(音素文字)이기 때문에 한국말을 이해하면 문자인 한글의 터득은 쉽다는 것이다. 한국말을 하는 사람 중에 문맹률은 단지 2% 미만에 속한다는 것은 한글의 우수성을 입증하는 것이기도 하다. 이렇게 훌륭한 우리의 문자를 세계 사람들에게 전파할 수 있는 기회에 동참하게 된 우리 모두는 이 기회를 영광스럽게 생각한다.

이 교재의 출간을 축하하면서, 이런 교재의 출간이 가능하도록 도와주신 남기심 교수님, 강현화 교수님, 원미진 교수님, 김유미 교수님, 남은경 교수님, 그리고 김정은 교수님에게 감사한다. 남기심 교수님의 도움이 없었다면 나는 감히 이 프로젝트를 시작할 엄두도 내지 못했을 것이다. 그간 이 책이 출판되기까지 실무를 맡은 고려사이버대학교의 봉사협력사업단 일동과 이재열 총무처장, 그리고 모든 궂은일의 stewardship을 잘 발휘한 류시혁 총무팀장의 노고에 감사를 드린다.

2013년

고려사이버대학교 총장 김중순

# 머리말

최근 한국어 교재의 수는 빠른 속도로 늘어가고 있다. 이는 한국어를 배우려는 학습자의 증가라는 이유 외에도 점점 다양해지는 학습자 군과 무관하지 않다. 국내 한국어 교육 기관 중심의 교재와 최근 국가 기관이 주도하여 만들어지는 세종학당 보급용 교재, 이주 여성이나 이주 노동자를 위한 교재, 다문화 가정 아동용 교재, 국외 동포용 교재 등으로 매우 다양하다. 이들 중 일부 교재는 현지화를 목적으로 다양한 언어 버전으로 만들어지기도 했다. 한국어 세계화의 근저에는 이들 교재의 힘이 컸다고 하겠다. 그런데, 그간 만들어진 많은 수의 교재를 보면서 어떤 이들은 도대체 왜 이렇게 많은 한국어 교재가 필요한가 하는 의문을 제기하기도 하고, 통일된 교재 없이 여러 교재가 난무하고 있음을 한탄하기도 한다. 하지만 교재가 학습자의 요구나 학습 환경 등의 다양한 특성을 고려한 맞춤형이 가장 최적이라는 것을 고려해 본다면 최근 다양한 학습자들의 요구를 모두 수용할 교재는 여전히 부족하며 교재가 다양할수록 다양한 목적의 학습자에게는 좋은 일이라 하겠다.

왜 또 다시 교재를 출간하는가? 현재 출간된 많은 교재들은 대부분 정해진 수업 시수를 목표로 하는 교육 과정을 기반으로 하고 있고, 교사를 전제로 한 면대면 수업을 목표로 하며, 텍스트가 기반이 되는 교재인 경우가 많다. 한류를 통해 한국어에 관심을 가지기는 했지만 일정한 학습 시간을 담보하기 어렵거나, 주위에 학습 기관이 없거나 다닐 형편이 못 되는 많은 학습자들은 많은 교재가 출간되었음에도 불구하고 혜택을 보기가 어려운 실정이다.

본 교재 '바른 한국어'는 이러한 학습자에게 효율적인 교재를 만들 수 없을까 하는 마음으로 출발했다. 집필진들은 교사가 없이도, 교육 기관에 다니지 않아도, 고정된 시간을 할애하지 못해도 한국어를 쉽게 학습할 수 없을까 하고 고민하는 수많은 학습자들에게 작은 도움이 될 수 있을까 하는 마음으로 집필을 시작했다. 물론 다양한 요구를 가진 고정되지 않은 학습자를 대상으로 하는 교재의 제작은 매우 힘들었다. 가능하면 이런 어려움들을 최소화하는 방법으로 본 교재를 제작하였지만 실제 사용에 있어서의 어려움은 여전히 남아있는지도 모르겠다.

우선, 학습자의 접근 가능성을 우선 순위에 두었고 이를 위해 접근이 쉬운 동영상 교재를 선택하였다. 이는 한류 학습자들이 선호하는 UCC를 통한 접근 가능성을 높이고자 한 의도로, 언제든지 쉽게 편리한 시간에 접속할 수 있도록 하고자 함이다.

다음으로는 교재의 내용인데, 다양한 요구를 가진 학습자들의 요구에 맞도록 다양한 상황을 선정하고자 했다. 한 가족을 등장시켜, 한국인의 일상적 생활을 직장에서의 대화, 학교에서의 대화, 이웃과의 대화 등으로 풀어가고자 했다. 특히 본 교재가 다양한 국적의 학습자를 대상으로 하고 있다는 점에서 대화의 인물을 특정 나라의 외국인에 국한시키지 않았다. 현재 만들어진 많은 수의 한국어 교재들은 주로 한국을 방문한 외국인 학습자와 한국인과의 대화로 이루어져 있다. 이에 반해 본 교재는 마치 한국 드라마나 영화를 보듯이 가능한 한 한국 사람의 모습을 그대로 들여다 보며 한국어를 학습하는 방식으로 꾸며져 있다.

마지막으로 고민한 것은 학습 목표와 교수 방법이었다. 짧은 동영상으로 진행되는 수업의 특성상 초급을 끝낸다 해도, 이는 초급의 능력을 갖추지 못할 가능성이 많기 때문이다. 웹으로 제공되는 많은 한국어 교재들이 가지고 있는 한계인데, 이를 극복하기 위해 15과의 30 Unit으로 구성하여, 주제는 15개가 제시되면서 대화문은 30개를 제공하여 초급에 필요한 문법항목 60여 개를 소화하도록 했다. 부족한 어휘력 부분은 어휘 플러스를 제공하여 해결하고자 했으나, 제한적인 시간을 고려한다면 듣기, 말하기, 읽기, 쓰기에 할애되는 분량이 적으므로 개별 학습자의 부단한 노력으로 이를 보충하여야 할 것이다. 어휘의 경우에는 곧바로 사용 가능한 관용적 문장을 많이 제공하여, 유창성을 기르고자 하였다. 또한 가능한 자가 학습이 가능하도록 코너마다 점검을 할 수 있는 연습 문제를 제공하고자 했다. 이를 통해 교재의 학습목표와 한국어능력시험(TOPIK)을 연계할 수 있을 것이다.

수업의 방법은 면대면으로 이루어지는 교실 수업이 아니라는 점에서 고민이 컸고, 이를 해결하기 위한 방법으로 동영상에 교수자를 등장시켰다. 마치 한국어 교실을 들여다 보는 방식으로 수업을 진행하고자 했는데, 초급 학습자가 가지는 언어적 한계를 보충하기 위해, 전 수업에서 이루어지는 교사의 말들을 모두 영어 자막으로 처리하였다. 영어와 중국어 버전의 경우는 학습자의 모국어를 구사하는 교수자가 직접 출연하여 수업을 이끌어가는 방식을 선택하였는데, 향후 언어권별로 확대되어 적용될 수 있을 것이다. 중급 이후부터는 교수자의 절제된 한국어를 통해 번역 자막의 제시 없이도 학습이 가능하게 진행하고자 한다. 교재는 기본 동영상과 이를 보충하는 텍스트 교재의 형태로 이루어져 있으며, 웹사이트를 통해 평가의 단계까지 이를 수 있는 3단계 교재로 구성되어 있다.

두 마리, 세 마리 토끼를 잡고자 하다 보니 욕심이 앞서고 효용성의 검증에 미진했을 수도 있다. 하지만 기존의 교재와는 다른 새로운 시도는 집필 과정에서 많은 즐거움과 성취감을 주었고, 무엇보다도 이윤을 추구하지 않고 순수하게 한류 확산을 위한 교재를 만들고 있다는 점에서 자부심을 가질 수 있었다. 이런 어려운 과정과 절차의 시작과 과정, 끝에는 늘 고려사이버대학교의 김중순 총장님의 격려와 지원이 있었다. 집필진들은 이번 작업이 한국어를 배우고자 하나 환경이 뒷받침되지 않는 사각지대에 놓인 한국어 학습자에게 작은 도움이 될 수 있기를 진심으로 기원한다.

2013. 11.
집필진 일동

# 일러두기

이 책은 동영상과 함께 학습이 가능한 교재이다. 등장 인물 소개에서 볼 수 있듯이 한국의 전형적인 가족의 모습을 통해 일상에서 쉽게 만날 수 있는 대화를 통해 한국어를 배우게 하는 데에 목적이 있다. 이 교재는 한국어 초급 교재로서 15과(과별 2개의 Unit로 총 30 Unit)로 구성되어 있어, 각 Unit 별로 25분 내외의 동영상 학습이 가능하게 하였다. 각 단원은 초급에서 많이 다루는 주제인 인사, 소개, 약속 등의 기본적인 회화에 필요한 대화로 이루어져 있으며, 두 개의 Unit으로 구성된다. 각각의 Unit은 2개의 새로 배울 문법 요소를 포함하고 있고 4~5개의 새로 나온 어휘가 들어가 있다. 이는 동영상 교재가 갖추어야 할 적절한 시간과 초급에서 익혀야 할 어휘 및 문법 요소를 고려한 설계이다. 즉 15과 30 Unit의 대화 안에 약 60여 개의 문법 항목과 150여 개의 어휘가 제시되며, 어휘의 확장 연습을 위해 각 과의 주제에 맞게 어휘 플러스를 통해 10~20여 개의 추가 어휘 및 연어를  풍부하게 제시하였다. 아울러 매 단원마다 듣기, 말하기, 읽기, 쓰기가 통합적으로 이루어지게 설계하였고, 학습의 점검이 가능하도록 단원별 평가 문항을 제시하였다.

다음은 교재의 여러 부분에 대한 설명이다.

- **(학습 목표) :** 학습 목표에는 각 과의 학습 목표를 기능, 주제, 어휘, 문화로 나누어 한 항목씩 제시하고 있다. 학습 목표는 교재의 각 과의 앞 장에 제시함으로써 그 주제에 대해 학습할 때 목표 문법과 어휘, 이 대화를 통해 얻을 수 있는 언어 사용 기능을 파악할 수 있게 하였다. 각 과의 뒤에는 주제와 관련된 한국 문화에 대한 간단한 설명을 영어로 제시하여 학습자들이 한국에 대한 정보를 쉽고 간단하게 익힐 수 있게 하였다.
- **대화문 :** 초급의 모든 대화는 두 사람 사이의 두 쌍의 대화로 구성되어 있다. 대화는 애니메이션 동영상으로 제시되어 있어, 반복 시청이 가능하다. 동영상을 통해 대화를 연습한 학습자는 대화 밑에 제시된 **대답해 보세요** 코너를 통해 대화문 이해 여부를 체크해 볼 수 있다. 대화문은 옆에 영어로 번역을 해 주어 초급 학습자들의 이해를 도왔다.
- **새 어휘 :** 대화문의 새 어휘를 제시하는 부분으로 5개 내외의 새 어휘를 제시하였다. 새 어휘는 동영상을 통해 어휘의 의미와 쓰임에 대해 자세히 학습할 수 있으며 영어 번역을 함께 제시해서 의미 이해를 돕는다.
- **문법 :** 각 대화에는 2개의 새로운 문법 항목이 들어가도록 구성하였고, 동영상 속의 교수자의 설명을 통해 문법을 이해하도록 했다. 교수자의 설명은 한국어로 진행하되, 영어 자막을 통해 이해를 도왔다. 문법 설명은 가장 핵심적인 부분만 간단하게 제시하여 한국어 학습자들이 초기에 문법에 대한 지루함과 어려움을 느끼지 않도록 하였고, 설명을 영어로 번역하여 제시하였다. 교재에서는 설명을 가시적으로 이해하게 하기 위해 가능한 도표로 제시하였으며, 초급 수준에서 필요한 문법적 제약을 추가적으로 제시하였다. 가장 전형적인 예문을 통해 문법 기능을 보여주어, 문법 이해를 돕고자 하였다.
- **문법 연습 :** 제시된 문법을 연습할 수 있도록 각각의 문법 항목을 문제 형태를 통해, 문장 연

결, 문장 완성, 대화 완성 연습을 할 수 있도록 제시하였다. 문법 연습의 모범 답안은 뒤의 답안지에 제시하였다. 문법 연습이 학습자들이 직접 한국어를 쓰면서 공부하는 곳이라면 그 뒤에 정리해 보세요 는 사지선다형 문제를 제시함으로써 앞에서 배운 문법과 문법 연습을 통한 문법 지식을 문제 풀이를 통해 확인해 보도록 하였다.

- **듣기 :** 듣기는 동영상을 통해 듣기 지문을 듣고 문제를 풀 수 있도록 제시되어 있다. 듣기의 대화는 앞에 나온 대화를 약간만 변형한 대화문을 통해 듣기 능력을 키울 수 있도록 구성되어 있어 동영상을 듣고 문법과 어휘를 학습한 학습자라면 쉽게 듣고 이해할 수 있도록 만들어졌다. 이러한 듣기 대화는 듣기 연습뿐만 아니라 각 주제에 대한 다른 상황을 보여주기 때문에 문법과 어휘의 확장 연습에도 도움이 되도록 하였다.
- **말하기 :** 말하기에서는 학습 목표와 관련된 가장 핵심적인 기능을 말할 수 있는가를 연습해 보는 것에 초점을 두었고, 확인해 볼 수 있는 문제를 제시하여 말하기 능력을 점검하게 하였다.
- **어휘 플러스 :** 이 교재는 동영상을 통해 교사와 함께 배울 수 있는 장점이 있지만, 면대면 수업이 아니라는 점과 25분이라는 제한된 시간의 한계를 극복하기 위하여, 동영상과는 별개로 교재에서는 주제와 관련된 어휘를 더 풍부하게 제시하고자 했다. 각 과의 주제에 맞는 어휘군을 주제별 혹은 기능별로 묶어 제시하였기 때문에 학습자는 필요에 따라 어휘를 선택적으로 학습할 수 있게 했다. 어휘의 핵심 의미가 영어 번역으로 제시되어 있고 간단한 예문이 함께 제시되어 사전을 찾지 않고도 문맥 내에서 기본 어휘 학습이 가능하도록 하였다. 또한 어휘를 공부한 다음에 스스로 체크해 보도록 ● 확인해 보세요 ●를 통해 자가 학습이 가능하도록 하였고, ● 정리해 보세요 ●를 통해 다시 한 번 점검해 보도록 하였다. 어휘 플러스의 어휘 중에 가장 핵심적인 어휘는 동영상을 통해서도 함께 공부할 수 있다.
- **읽기 :** 각 과의 첫 번째 Unit에는 읽기를 제시하였다. 읽기는 대화의 주제와 같은 주제의 다른 장르의 글을 제시하여 학습자들이 배운 어휘와 문법을 사용하여 다른 장르의 글을 이해할 수 있는 능력을 키우는 것을 목적으로 한다. 읽기 전 활동으로 새 어휘를 익히도록 하고 읽기 중 활동을 통해 이해 여부를 확인한 후에 읽기 후 말하기 활동을 제시함으로써 배운 내용을 다시 확인해 볼 수 있도록 하였다.
- **읽고 쓰기 :** 각 단원의 두 번째 Unit에는 읽고 쓰기가 제시되어 있다. 읽고 이해한 것을 바탕으로 하여 그 과에서 학습한 문법과 어휘를 사용하여 읽기에 제시된 글의 장르의 특성을 반영한 짧은 글을 쓸 수 있도록 유도하였다.
- **문화 :** 30개의 각 대화의 주제와 어울리는 문화 내용을 간결하게 제시하여 초급 학습자들이 한국의 문화를 쉽게 이해하고 접근 가능하도록 하였다. 초급 학습자의 수준을 고려하여 어려운 문화 항목을 제시하기보다는 일상생활에서 궁금해할 만한 내용으로 구성하였고, 영어로만 제시하였다. 초급 학습자들은 한국어를 배우는 즐거움과 함께 한국 문화에 친숙함을 느끼게 될 것이다.

# 등장인물

이 교재는 대한민국의 평범한 가족이 겪는 일상생활의 대화로 이루어져 있다. 아버지, 어머니, 아들, 딸 4명과 그 주변 사람들의 이야기를 통해서 한국 사람의 일상 회화, 업무에서의 대화, 학교에서의 대화, 친구 간의 대화, 가족 간의 대화를 배우게 된다.

먼저 아버지 이재훈 씨는 대한민국의 40대 가장이며 회사의 부장이다. 아버지는 주로 회사에서 김 과장과 업무와 관계된 대화를 이끌어 간다. 또한 부인 김유미 씨와 대화를 통해 부부 간의 대화를 보여 준다.

어머니 김유미 씨는 집안일을 하고 있다. 집안에서 아버지나 아들, 딸과의 대화를 보여주며, 가끔 동네에서 만나는 사람들과 대화를 통해 이웃에서 일상적으로 나눌 수 있는 대화를 보여준다. 또 친구 조영선 씨와 대화를 통해 쇼핑이나 약속을 하는 일상적인 대화를 소개한다.

아들 이준수는 대학교 4학년으로, 한국 대학생의 일상적 모습을 준다. 외국인 친구, 선후배, 여자 친구 박혜진 등이 등장하여 대학생활에서의 젊은이들 간의 일상생활을 보여주며, 취직을 위해 고민하는 대학생의 모습도 보여준다.

딸 이지민은 한국의 K-Pop에 빠져 있는 중학교 3학년 학생이다. 또래 친구와의 대화나 일상생활을 통해 청소년의 모습을 보여주게 된다.

한 가족을 통해 일상생활, 학교생활, 사회생활에서 일어나는 전형적인 한국인의 모습을 담고자 하였으며, 다양한 대화를 통해 한국인의 생각과 생활의 모습을 담고자 했다.

Unlike other texts, *Quick Korean* differentiates itself by offering video lectures to study Korean. The objective of this text is to allow the learner to study Korean through everyday conversations and situations with the characters of a typical Korean family. This is an elementary level text consisting of 15 lessons, each of which contains 2 units, resulting in a total of 30 units. Each unit can be studied along with an accompanying 25 minute video lecture. Each unit covers basic topics necessary for everyday conversations such as how to greet others, how to introduce oneself, and how to make appointments. To try not to overwhelm elementary learners, careful consideration went into making each video lecture. Each unit introduces 4 to 5 new words and 2 new grammar points. Roughly 150 new words and 60 grammar points are presented in total across the 15 lessons. Additionally, each unit consists of a 'Vocabulary Plus' section allowing the learner to study an additional 10 to 20 words and collocations. Finally, each unit also consists of a combination of listening, speaking, reading, and writing exercises to evaluate the learner's progress and understanding.

The following is an explanation of the different parts of the text:

- **Learning Goals** (학습 목표) : The learning goals of each lesson are broken down into function, topic, vocabulary, and grammar goals. The learning goals are presented on the front page of each lesson. At the end of each unit, a culture point that is related to the topic is introduced in English, which the learner can read without difficulty.
- **Dialogue** : Each dialogue takes place between two people. The dialogue is presented through an animated video and can be watched as many times as desired. Through the video lesson, the learner becomes familiar with the conversation and can check his or her understanding through questions that are presented below the dialogue 대답해 보세요 . An English translation is provided next to the dialogue, allowing the learner to understand the dialogue more clearly.
- **New Vocabulary** : In each unit, around 5 new words are introduced. Through the video lessons, learners can understand the meaning and usage of the words more easily.
- **Grammar** : Each unit contains 2 grammar points and understanding of the grammar is reinforced through the video lesson instructor's explanation. (The instructor's explanation is in Korean, but English subtitles are provided.) Because this is elementary level grammar, the grammar points are presented in a simple way so the learners do not experience much difficulty. The explanations are also presented in English. Charts are used to present the grammar visually in an organized way. Example sentences are given to help illustrate the grammar function and usage.
- **Grammar Practice** : After each grammar point is explained, a practice section including exercises on completing sentences and dialogues allows the learner to practice using the

new grammar. A model solution is also provided in the answer section. Located in the back, in 정리해 보세요, the learner can further test his or her knowledge of grammar through multiple-choice questions.

- **Listening :** In the listening section, questions are presented and answered in the video lecture. The listening section dialogue is a slightly altered version of the main dialogue, which allows the learner to easily approach a new dialogue, while expanding knowledge. The listening section not only provides practice exercises, but also presents the learner a variety of different situations, which helps expand the learner's vocabulary.
- **Speaking :** The learning goals were designed with speaking as a key component. Exercises in the speaking section are presented to check the learner's speaking ability.
- **Vocabulary Plus :** While a strong point of this text is that it can be studied through a video lesson, there is a time constraint since it is not a face-to-face lesson. To overcome this, a number of extra vocabulary words are presented in a text separate from the video lesson. Words were selected based on whether they were related to the topic of the lesson and function, and the learner can pick and choose words to learn as needed. The main English meaning is also presented, along with examples, so that these words can be studied without the need of a dictionary. Furthermore, the learner's understanding of the words can be checked in 확인해 보세요. The learner can also test his or her understanding in the 정리해 보세요 section. A select number of key Vocabulary Plus words are also presented in the video lesson.
- **Reading :** The Reading is presented in the first unit of each lesson. In this section, a text of a different genre related to the topic of the lesson is presented containing the new vocabulary and grammar. By providing a related, but different text, it will allows easier expansion of knowledge for the learner.
- **Read and Write :** In the second unit of each lesson, there is a Read and Write section. This section is designed so that the learner can use the vocabulary and grammar from the lesson by writing a short reflection on the features of the genre of the text after reading the text.
- **Culture :** A total of 30 culture points related to the dialogue of each unit are briefly presented in English so that elementary learners can learn about Korean culture without difficulty. Much consideration went into presenting topics appropriate for elementary learners. Much focus was placed on cultural topics related to everyday life that learners may be curious about as opposed to difficult topics. Elementary learners can enjoy becoming familiar with Korean culture while also learning the language.

This text presents an ordinary Korean family and follows their conversations from their everyday lives. The conversations feature a father, mother, son, and daughter, as well as their friends and neighbors. Through their conversations, the learner is exposed to everyday conversations that occur at the workplace, school, and home.

First, the father, Jaehun Lee, is the head of a Korean household. He is in his forties and is a department head at his company. The father usually has conversations with a section head named Mr. Kim, or engages in other conversations related to his work. His conversations at home with his wife, Yumi Kim, can also be examined.

The mother, Yumi Kim, is a housewife. Everyday conversations with her husband, son, daughter, and her neighbors can be examined. Traditional topics of going shopping and making appointments are introduced through her conversations with her friend, Youngsun Jo.

The son, Junsu Lee, is a typical Korean senior in college. Conversations with his classmates, his girlfriend, Hyejin, and foreign friends can be seen. Through his conversations, the learner can see the concerns of college students, such as finding a job.

The daughter, Jimin, is a third year middle school student, who loves K-Pop. Through everyday conversations with her friends, typical teenager conversations can be studied.

Through this family, the learner is exposed how Koreans typically think and behave in everyday social situations.

# 교재 구성표 Table of Contents

| 과 | 주제 | Unit | 제목 | 기능 | 문법 | 어휘 | 문화 |
|---|---|---|---|---|---|---|---|
| 9 | 약속 | 9-1 | 어디에서 만날까요? | 약속하기1 | -(으)ㄹ까요?(제안)<br>-어요(청유) | 행사<br>약속 1(연어) | 생일 |
| | | 9-2 | 연휴에는 복잡하니까<br>미리 기차표를 예매하세요. | 약속하기2 | -(으)니까<br>-(으)세요(명령) | 약속 2(연어) | 철도 |
| 10 | 공공<br>장소 | 10-1 | 머리가 아파서 약을<br>사러 가요. | 행선지 말하기 | -어서(이유)<br>-(으)러 가요 | 공공장소<br>우체국(연어) | 약국 |
| | | 10-2 | 이번 주 수요일까지<br>여권이 나올까요? | 추측하기 | -(으)ㄹ까요?<br>-(으)ㄹ 거예요(추측) | 여권(연어)<br>비자(연어) | 관광 |
| 11 | 쇼핑 | 11-1 | 어서 오세요.<br>뭘 찾으세요? | 물건 사기 | -(으)ㄴ<br>ㅎ 불규칙 동사 | 색깔<br>쇼핑 장소 | 시장과<br>백화점 |
| | | 11-2 | 요즘 어떤 옷이<br>유행이에요? | 물건 값 깎기 | 에게<br>-어 주세요 | 복장<br>쇼핑(연어) | 옷 가게 |
| 12 | 교통 | 12-1 | 회사까지 어떻게 오세요? | 교통편 말하기 | -(으)세요<br>(으)로(수단) | 교통 수단<br>교통 장소 | 대중 교통 |
| | | 12-2 | 사거리에서 오른쪽으로<br>가세요. | 길 묻기 | 에서 ~까지<br>(으)로(방향) | 방향 | 지하철 |
| 13 | 여행 | 13-1 | 휴가 잘 다녀오셨어요? | 경험 말하기 | -는<br>ㄹ 불규칙 동사 | 여가 장소<br>여가(연어) | 관광지<br>(부산) |
| | | 13-2 | 먹을 것도 많고 볼 것도<br>많아요. | 계획 말하기 | -(으)ㄴ<br>-(으)ㄹ | 여행(연어) | 관광지<br>(제주도) |
| 14 | 전화 | 14-1 | 늦으면 전화할게요. | 전화하기 | -(으)면<br>-(으)ㄹ게요 | 전화 1(연어) | 예약과<br>배달 문화 |
| | | 14-2 | 점심 먹은 후에 영화 볼까<br>요? | 전화로 약속하기 | -(으)ㄴ 후에<br>-기 전에 | 전화 2(연어) | 서울의<br>유명 거리 |
| 15 | 여가<br>생활 | 15-1 | 시간이 있을 때 뭘 해요? | 취미 생활 묻기 | -(으)ㄹ 때<br>ㄷ 불규칙 동사 | 취미<br>영화 | 공원 |
| | | 15-2 | 야구보다 축구를<br>좋아해요. | 비교하여 말하기 | -는데(비교)<br>보다 | 운동 | 운동 |

# 차 례 Contents

# 1 한글

## The Korean Alphabet, Hangeul

학습 목표

### 1-1 한글 I

- 한글의 모음(ㅏ, ㅓ, ㅗ, ㅜ, ㅡ, ㅣ)을 배운다.
- 한글의 자음(ㄱ, ㄴ, ㄷ, ㄹ, ㅁ, ㅂ, ㅅ, ㅇ, ㅈ, ㅊ, ㅋ, ㅌ, ㅍ, ㅎ)을 배운다.
- 한글의 경음(ㄲ, ㄸ, ㅃ, ㅆ, ㅉ)을 배운다.
- 한글을 만든 세종대왕을 이해한다.

- Learn the Hangeul vowels : ㅏ, ㅓ, ㅗ, ㅜ, ㅡ, ㅣ.
- Learn the Hangeul consonants : ㄱ, ㄴ, ㄷ, ㄹ, ㅁ, ㅂ, ㅅ, ㅇ, ㅈ, ㅊ, ㅋ, ㅌ, ㅍ, ㅎ.
- Learn the Hangeul tense consonants : ㄲ, ㄸ, ㅃ, ㅆ, ㅉ.
- Understand the creator of Hangeul, Sejong the Great.

### 1-2 한글 II

- 한글의 모음(ㅐ, ㅔ, ㅚ, ㅟ)을 배운다.
- 한글의 이중 모음(ㅑ, ㅕ, ㅛ, ㅠ, ㅖ, ㅒ, ㅘ, ㅝ, ㅙ, ㅞ, ㅢ)을 배운다.
- 한글의 받침을 배운다.
- 한국의 상징물을 이해한다.

- Learn the Hangeul vowels : ㅐ, ㅔ, ㅚ, ㅟ.
- Learn the Hangeul diphthongs : ㅑ, ㅕ, ㅛ, ㅠ, ㅖ, ㅒ, ㅘ, ㅝ, ㅙ, ㅞ, ㅢ.
- Learn the Hangeul final consonant sounds.
- Understand the Korea's symbols.

# 1-1 한글 I

The Korean Alphabet I

Loading

## 한글 I

| | | | | | |
|---|---|---|---|---|---|
| ㅏ | ㅓ | ㅗ | ㅜ | ㅡ | ㅣ |
| ㄱ | ㄴ | ㄷ | ㄹ | ㅁ | |
| ㅂ | ㅅ | ㅇ | ㅈ | | |
| ㅊ | ㅋ | ㅌ | ㅍ | ㅎ | |
| ㄲ | ㄸ | ㅃ | ㅆ | ㅉ | |

## 모음 I Vowel I

| 아 | 어 | 오 | 우 | 으 | 이 |
|---|---|---|---|---|---|

1 듣고 따라 써 보세요.

| 아 | 어 | 오 | 우 | 으 | 이 |
|---|---|---|---|---|---|
| | | | | | |
| | | | | | |
| | | | | | |
| | | | | | |
| | | | | | |

2 단어를 읽고 쓰세요.

| 이 | 오 | 아 | 이 | 오 | 이 | 아 | 우 |
|---|---|---|---|---|---|---|---|
|  | 5 |  | |  | |  | |
| | | | | | | | |
| | | | | | | | |
| | | | | | | | |
| | | | | | | | |

## 자음 I Consonant I

| ㄱ | ㄴ | ㄷ | ㄹ | ㅁ |
|---|---|---|---|---|

**1** 듣고 따라 하세요.

| | ㅏ | ㅓ | ㅗ | ㅜ | ㅡ | ㅣ |
|---|---|---|---|---|---|---|
| ㄱ | 가 | 거 | 고 | 구 | 그 | 기 |
| ㄴ | 나 | 너 | 노 | 누 | 느 | 니 |
| ㄷ | 다 | 더 | 도 | 두 | 드 | 디 |
| ㄹ | 라 | 러 | 로 | 루 | 르 | 리 |
| ㅁ | 마 | 머 | 모 | 무 | 므 | 미 |

**2** 단어를 읽고 쓰세요.

| 가 | 구 | 고 | 기 | 누 | 나 | 다 | 리 | 라 | 디 | 오 | 나 | 무 |
|---|---|---|---|---|---|---|---|---|---|---|---|---|
|  | |  | |  | |  | |  | | |  | |
| | | | | | | | | | | | | |
| | | | | | | | | | | | | |
| | | | | | | | | | | | | |
| | | | | | | | | | | | | |

**3** 듣고 맞는 것을 고르세요.

1) (  ) ① 아이 ② 아기

2) (  ) ① 누나 ② 누구

3) (  ) ① 나라 ② 다리

4) (  ) ① 나무 ② 모기

4 듣고 써 보세요.

1) | | 기 |  2) | 나 | |  3) | | 리 |

## 자음 II Consonant II

| ㅂ | ㅅ | ㅇ | ㅈ |
|---|---|---|---|

1 듣고 따라 하세요.

| | ㅏ | ㅓ | ㅗ | ㅜ | ㅡ | ㅣ |
|---|---|---|---|---|---|---|
| ㅂ | 바 | 버 | 보 | 부 | 브 | 비 |
| ㅅ | 사 | 서 | 소 | 수 | 스 | 시 |
| ㅇ | 아 | 어 | 오 | 우 | 으 | 이 |
| ㅈ | 자 | 저 | 조 | 주 | 즈 | 지 |

2 단어를 읽고 쓰세요.

| 바 | 지 | 비 | 누 | 소 | 라 | 시 | 소 | 지 | 구 | 주 | 사 |
|---|---|---|---|---|---|---|---|---|---|---|---|
|  | |  | | 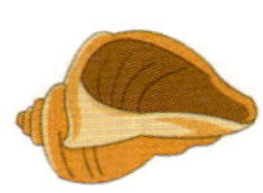 | |  | |  | | 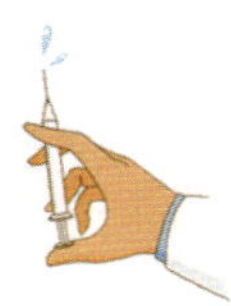 | |
| | | | | | | | | | | | |
| | | | | | | | | | | | |
| | | | | | | | | | | | |
| | | | | | | | | | | | |

**3** 듣고 맞는 것을 고르세요.

1) (　　) ① 비누　　② 부모　　　　2) (　　) ① 소　　② 수

3) (　　) ① 우리　　② 오리　　　　4) (　　) ① 부부　　② 부두

**4** 듣고 써 보세요.

1) | | 누 |　　2) | 오 | |　　3) | 바 | |

## 자음 III Consonant III

| ㅊ | ㅋ | ㅌ | ㅍ | ㅎ |
|---|---|---|---|---|

**1** 듣고 따라 하세요.

| | ㅏ | ㅓ | ㅗ | ㅜ | ㅡ | ㅣ |
|---|---|---|---|---|---|---|
| ㅊ | 차 | 처 | 초 | 추 | 츠 | 치 |
| ㅋ | 카 | 커 | 코 | 쿠 | 크 | 키 |
| ㅌ | 타 | 터 | 토 | 투 | 트 | 티 |
| ㅍ | 파 | 퍼 | 포 | 푸 | 프 | 피 |
| ㅎ | 하 | 허 | 호 | 후 | 흐 | 히 |

## ❷ 단어를 읽고 쓰세요.

| 기 | 차 | 치 | 즈 | 커 | 피 | 기 | 타 | 포 | 도 | 하 | 마 |
|---|---|---|---|---|---|---|---|---|---|---|---|
|  | |  | |  | |  | |  | |  | |
| | | | | | | | | | | | |
| | | | | | | | | | | | |
| | | | | | | | | | | | |
| | | | | | | | | | | | |

## ❸ 듣고 맞는 것을 고르세요.

1) (　　) ① 카트　② 커피　　2) (　　) ① 트다　② 타다

3) (　　) ① 피아노　② 토마토　　4) (　　) ① 초　② 차

## ❹ 듣고 써 보세요.

| 1) | | | 2) | 기 | | 3) | | 두 |
|---|---|---|---|---|---|---|---|---|

## 자음 IV Consonant IV

| ㄲ | ㄸ | ㅃ | ㅆ | ㅉ |
|---|---|---|---|---|

## ① 듣고 따라 하세요.

| | ㅏ | ㅓ | ㅗ | ㅜ | ㅡ | ㅣ |
|---|---|---|---|---|---|---|
| ㄲ | 까 | 꺼 | 꼬 | 꾸 | 끄 | 끼 |
| ㄸ | 따 | 떠 | 또 | 뚜 | 뜨 | 띠 |
| ㅃ | 빠 | 뻐 | 뽀 | 뿌 | 쁘 | 삐 |
| ㅆ | 싸 | 써 | 쏘 | 쑤 | 쓰 | 씨 |
| ㅉ | 짜 | 쩌 | 쪼 | 쭈 | 쯔 | 찌 |

## ② 단어를 읽고 써 보세요.

| 꼬 | 마 | 토 | 끼 | 허 | 리 | 띠 | 아 | 빠 | 쓰 | 기 | 찌 | 개 |
|---|---|---|---|---|---|---|---|---|---|---|---|---|
|  | |  | |  | | |  | |  | |  | |
| | | | | | | | | | | | | |
| | | | | | | | | | | | | |
| | | | | | | | | | | | | |
| | | | | | | | | | | | | |

## ③ 듣고 맞는 것을 고르세요.

1) (　　) ① 까치　② 토끼　③ 끄다
2) (　　) ① 띠　② 따다　③ 허리띠
3) (　　) ① 싸다　② 쓰다　③ 비싸다
4) (　　) ① 가짜　② 짜다　③ 찌다

## ④ 듣고 써 보세요.

1)

| | 마 |
|---|---|

2)

| 아 | |
|---|---|

3)

| | 개 |
|---|---|

## Korean Culture

### The Creator of Hangeul, Sejong the Great

Sejong the Great, the creator of Hangeul, was the fourth king of the Joseon dynasty. He created Hangeul for the people of Joseon, made metal type, and also wrote many books. He strengthened the nation and expanded the territory, he developed a tool used for astronomical observation, and arranged music. Sejong the Great is highly respected by Koreans.

# 1-2 한글 II

The Korean Alphabet II

Loading

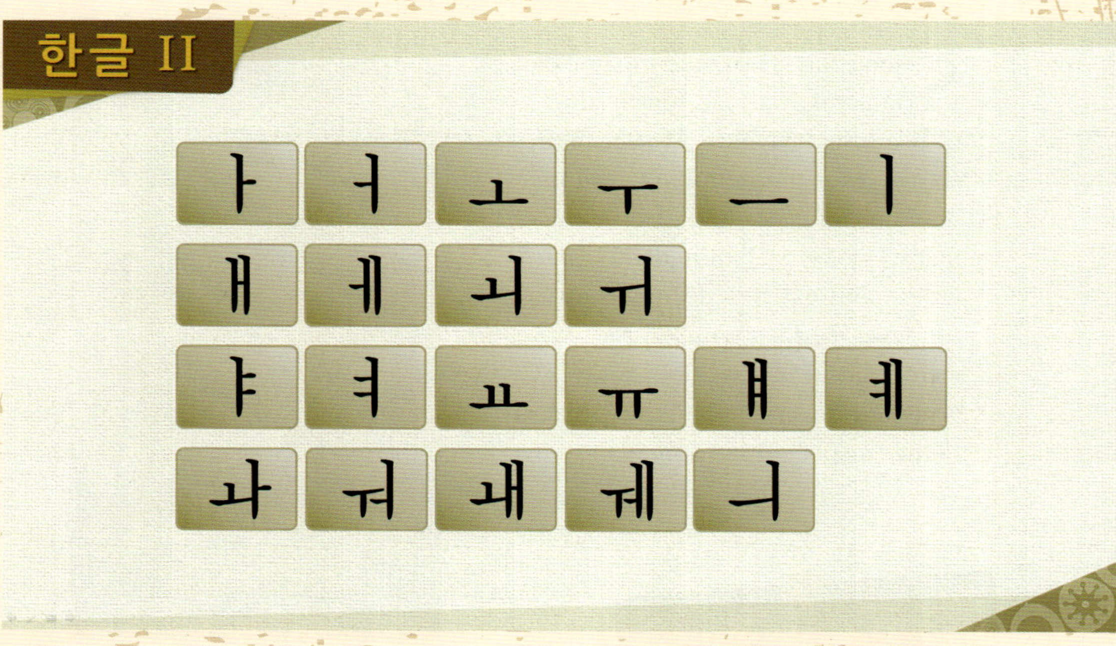

## 모음 II Vowel II

| 애 | 에 | 외 | 위 |
|---|---|---|---|

**1** 듣고 따라 하세요.

| | ㅐ | ㅔ | ㅚ | ㅟ |
|---|---|---|---|---|
| ㄱ | 개 | 게 | 괴 | 귀 |
| ㄴ | 내 | 네 | 뇌 | 뉘 |
| ㅁ | 매 | 메 | 뫼 | 뮈 |
| ㅅ | 새 | 세 | 쇠 | 쉬 |
| ㅇ | 애 | 에 | 외 | 위 |

**2** 단어를 읽고 쓰세요.

| 개 | 게 | 세 | 수 | 회 | 귀 | 위 |
|---|---|---|---|---|---|---|
|  |  |  | |  | 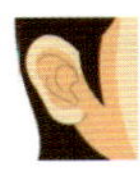 |  |
| | | | | | | |
| | | | | | | |
| | | | | | | |
| | | | | | | |

**3** 듣고 맞는 것을 고르세요.

1) (　　) ① 개　　② 배　　2) (　　) ① 게　　② 세수

3) (　　) ① 뇌　　② 회　　4) (　　) ① 귀　　② 위

# 모음 III Vowel III

| 야 | 여 | 요 | 유 | 예 | 애 |
|---|---|---|---|---|---|

**①** 듣고 따라 하세요.

| | ㅑ | ㅕ | ㅛ | ㅠ | ㅖ | ㅒ |
|---|---|---|---|---|---|---|
| ㄱ | 갸 | 겨 | 교 | 규 | 계 | 걔 |
| ㄴ | 냐 | 녀 | 뇨 | 뉴 | 녜 | 냬 |
| ㅁ | 먀 | 며 | 묘 | 뮤 | 몌 | 먜 |
| ㅅ | 샤 | 셔 | 쇼 | 슈 | 셰 | 섀 |
| ㅇ | 야 | 여 | 요 | 유 | 예 | 얘 |

**②** 단어를 읽고 쓰세요.

| 야 | 구 | 벼 | 교 | 회 | 우 | 유 | 시 | 계 | 얘 | 기 |
|---|---|---|---|---|---|---|---|---|---|---|
|  | |  |  | | 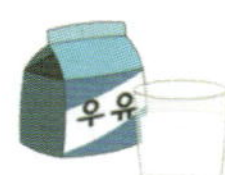 | |  | |  | |
| | | | | | | | | | | |
| | | | | | | | | | | |
| | | | | | | | | | | |
| | | | | | | | | | | |

**③** 듣고 맞는 것을 고르세요.

1) (　　) ① 유리　　② 요리　　　　2) (　　) ① 여우　　② 여자

## 모음 IV Vowel IV

| 와 | 워 | 왜 | 웨 | 의 |
|---|---|---|---|---|

### ① 듣고 따라 하세요.

| | ㅘ | ㅝ | ㅙ | ㅞ | ㅢ |
|---|---|---|---|---|---|
| ㄱ | 과 | 궈 | 괘 | 궤 | 긔 |
| ㄴ | 놔 | 눠 | 놰 | 눼 | 늬 |
| ㅁ | 뫄 | 뭐 | 뫠 | 뭬 | 믜 |
| ㅅ | 솨 | 숴 | 쇄 | 쉐 | 싀 |
| ㅇ | 와 | 워 | 왜 | 웨 | 의 |

### ② 단어를 읽고 쓰세요.

| 사 | 과 | 샤 | 워 | 돼 | 지 | 웨 | 이 | 터 | 의 | 사 | 의 | 자 |
|---|---|---|---|---|---|---|---|---|---|---|---|---|
|  | |  | |  | |  | | |  | |  | |
| | | | | | | | | | | | | |
| | | | | | | | | | | | | |
| | | | | | | | | | | | | |
| | | | | | | | | | | | | |

### ③ 듣고 맞는 것을 고르세요.

1) (　　) ① 의자　　② 의사

2) (　　) ① 돼지　　② 대지

## 받침 I Syllable Final Consonant I

| 받침 글자 | 소리 |
|---|---|
| ㄱ, ㄲ, ㅋ | [ㄱ] |
| ㄴ | [ㄴ] |
| ㄷ, ㅅ, ㅆ, ㅈ, ㅊ, ㅌ, ㅎ | [ㄷ] |
| ㄹ | [ㄹ] |
| ㅁ | [ㅁ] |
| ㅂ, ㅍ | [ㅂ] |
| ㅇ | [ㅇ] |

**1** 듣고 따라 하세요.

| |
|---|
| 책, 부엌, 밖 |
| 눈, 돈 |
| 곧, 끝, 옷, 있다, 낫, 낮, 꽃 |
| 달, 발 |
| 밥, 앞 |
| 엄마, 곰 |
| 공, 방 |

**2** 단어를 읽고 쓰세요.

| 국 | 문 | 듣 | 다 | 딸 | 기 | 김 | 치 | 잎 | 공 | 항 |
|---|---|---|---|---|---|---|---|---|---|---|
|  |  |  | |  | |  | |  |  | |
| | | | | | | | | | | |
| | | | | | | | | | | |
| | | | | | | | | | | |
| | | | | | | | | | | |

## 받침 II Syllable Final Consonant II

| 받침 글자 | 소리 |
|---|---|
| ㄱㅅ | [ㄱ] |
| ㄴㅈ | [ㄴ] |
| ㄴㅎ | [ㄴ] |
| ㄹㄱ | [ㄱ] |
| ㄹㅁ | [ㅁ] |
| ㄹㅂ | [ㄹ/ㅂ] |
| ㄹㅅ | [ㄹ] |
| ㄹㅌ | [ㄹ] |
| ㄹㅍ | [ㅂ] |
| ㄹㅎ | [ㄹ] |
| ㅂㅅ | [ㅂ] |

1 듣고 따라 하세요.

| 몫 |
|---|
| 앉다 |
| 많다, 않다 |
| 닭, 읽다 |
| 젊다, 삶다 |
| 넓다, 여덟, 밟다 |
| 외곬 |
| 핥다 |
| 읊다 |
| 잃다 |
| 없다 |

## ② 단어를 읽고 쓰세요.

| 앉 | 다 | 많 | 다 | 닭 | 여 | 덟 | 잃 | 다 | 없 | 다 |
|---|---|---|---|---|---|---|---|---|---|---|
|  | |  | |  |  | |  | |  | |
| | | | | | | | | | | |
| | | | | | | | | | | |
| | | | | | | | | | | |
| | | | | | | | | | | |

The official name for South Korea is the "Republic of Korea." "Taegeukgi," the Korean flag, symbolizes two traits Koreans emphasize: peace and harmony. The national flower of South Korea, the "Rose of Sharon," represents the people's unbreakable will and the national anthem, the "Aegukga," expresses hope for South Korea to flourish and prosper.

# 2 자기소개

## Self Introduction

학습 목표

### 2-1 안녕하세요?

- 한국어 인사 표현을 배운다.
- '입니다'와 '은/는'을 배운다.
- 한국어로 인사 및 소개를 할 수 있다.
- 한국인의 인사법을 이해한다.

- Learn Korean greeting expressions.
- Learn '입니다' and '은/는'.
- To be able to greet and to introduce oneself.
- Understand Korean greetings.

### 2-2 한국 사람입니다.

- 국적 및 직업 관련 어휘를 배운다.
- '입니까?'와 '이/가 아닙니다'를 배운다.
- 한국어로 인사 및 소개를 할 수 있다.
- 한국의 학제를 이해한다.

- Learn vocabulary related to nationalities and occupations.
- Learn '입니까?' and '이/가 아닙니다'.
- To be able to greet and to introduce oneself.
- Understand the Korean education system.

# 2-1 안녕하세요?

Hello.

Loading Dialogue: Greeting

면접관: 안녕하세요?

이준수: 안녕하세요? 저는 이준수입니다.

면접관: 반갑습니다.

이준수: 네, 반갑습니다.

Interviewer: Hello.
Junsu: Hello. My name is Junsu Lee.
Interviewer: Nice to meet you.
Junsu: Nice to meet you too.

### 대답해 보세요

1. _____에 알맞은 것을 〈보기〉에서 골라 써 보세요.

보기
① 안녕하세요? ② 감사합니다.
③ 안녕히 계세요. ④ 반갑습니다.

면접관: 안녕하세요?

이준수: 1.______________. 저는 이준수입니다.

면접관: 반갑습니다.

이준수: 네, 2.______________

**어휘 New Vocabulary**

안녕하세요 Hello, how are you?
감사합니다 Thank you very much
저 I, me
반갑습니다 [반갑씀니다] Nice to meet you
네 Yes

# 문법
Grammar

Loading

## ① ______________입니다.

- 앞의 명사를 지정하는 뜻을 나타낸다.
- 격식을 차려야 하는 상황에서 주로 사용된다.

- This is used to define the preceding nouns.
- This is used mostly in formal situations.

• 저는 이준수**입니다**.
• 저는 한국 사람**입니다**.

## ② ______________은/는

- 앞의 명사가 문장에서 설명하고 있는 주어임을 나타낸다.
- 어떤 대상을 소개하기 위한 목적으로 설명할 때 주로 쓰인다.

- This is used to indicate that the preceding noun is the subject of the sentence.
- This is commonly used to introduce an object in a sentence.

| 받침 ○ → 은 | | 받침 × → 는 | |
|---|---|---|---|
| 이름 | 이름**은** | 저 | 저**는** |
| 학생 | 학생**은** | 의사 | 의사**는** |

• 저**는** 이준수입니다.
• 제 이름**은** 이준수입니다.

## 문법 연습 Grammar Practice

**I. '입니다'를 사용하여 대화를 완성해 보세요.**

1. 가: 이름이 이준수입니까?
   나: 네, 이준수 ______________________.
2. 가: 이준수 씨는 한국 사람입니까?
   나: 네, ______________________.
3. 가: 이름이 무엇입니까?
   나: ______________________.
4. 가: 어느 나라 사람입니까?
   나: ______________________.

**II. '은/는'을 사용하여 문장을 완성해 보세요.**

1. 저____ 한국 사람입니다.
2. 제 이름____ 미키입니다.
3. 미키____ 제 친구입니다.

### 정리해 보세요

**I. 다음 밑줄 친 부분이 맞으면 o, 틀리면 ×에 표시해 보세요.**

1. 저는 한국 사람입니다. ( o / × )
2. 제 이름는 김준수입니다. ( o / × )
3. 준수는 학생입니다. ( o / × )
4. 그 의사는 미국 사람입니다. ( o / × )

## 듣기 Listening

다음은 이준수 씨와 미키 씨의 대화입니다. 잘 듣고 다음 질문에 대답해 보세요.

1. 두 사람이 만나서 어떻게 인사했습니까? (　　)
   ① 반갑습니다.　② 안녕히 가세요.　③ 안녕히 계세요.　④ 처음 뵙겠습니다.

2. '저는 미키입니다.'는 무엇을 소개한 것일까요? (　　)
   ① 직업　② 국적　③ 이름　④ 나이

## 말하기 Speaking

I. 배운 어휘와 문법을 사용하여 자기를 소개해 보세요.

| | | |
|---|---|---|
| 1. 인사 | **안녕하세요?** | |
| 2. 이름 | 제 이름은 이준수**입니다.** | |
| 3. 국적 | 저는 한국 사람**입니다.** | |
| 4. 인사 | **반갑습니다.** | |

• 직업(job)　• 국적(nationality)　• 이름(name)　• 나이(age)

## 어휘 플러스 Vocabulary Plus

### 인사말

| | | |
|---|---|---|
| 안녕하십니까? | Hello | 예 안녕하십니까? 이준수입니다. |
| 안녕! | Hi! | 예 준수야, 안녕! |
| 처음 뵙겠습니다. | Nice to meet you. | 예 처음 뵙겠습니다. 이준수입니다. |
| 만나서 반가워요. | Nice to meet you. | 예 만나서 반가워요. |
| 안녕히 가세요. | Good-bye (to person going). | 예 준수 씨, 안녕히 가세요. |
| 안녕히 계세요. | Good-bye (to person staying). | 예 미키 씨, 안녕히 계세요. |
| 고맙습니다. | Thank you. | 예 고맙습니다. |
| 미안합니다. | Sorry. | 예 미안합니다. |

### 국적과 사람

| | | |
|---|---|---|
| 미국 사람 | American | 예 저는 미국 사람입니다. |
| 중국 사람 | Chinese | 예 저는 중국 사람입니다. |
| 일본 사람 | Japanese | 예 저는 일본 사람입니다. |
| 호주 사람 | Australian | 예 저는 호주 사람입니다. |
| 인도 사람 | Indian | 예 저는 인도 사람입니다. |
| 프랑스 사람 | French | 예 제 친구는 프랑스 사람입니다. |
| 캐나다 사람 | Canadian | 예 제 친구는 캐나다 사람입니다. |
| 러시아 사람 | Russian | 예 제 동료는 러시아 사람입니다. |
| 베트남 사람 | Vietnamese | 예 제 동료는 베트남 사람입니다. |

**확인해 보세요**

I. 인사할 때 맞는 답을 찾아 연결해 보세요.

1. 안녕하십니까? •      • 가) 안녕히 계세요.
2. 처음 뵙겠습니다. •      • 나) 네, 안녕하십니까?
3. 안녕히 가세요. •      • 다) 만나서 반갑습니다.

## Ⅱ. 다음 그림을 보고 맞는 것을 찾아 연결해 보세요.

1.  •      • 가) 일본 사람

2.  •      • 나) 중국 사람

3.  •      • 다) 베트남 사람

4.  •      • 라) 러시아 사람

### 정리해 보세요

## Ⅰ. 다음 지도를 보고 나라 이름이 맞으면 ○, 틀리면 ×에 표시해 보세요.

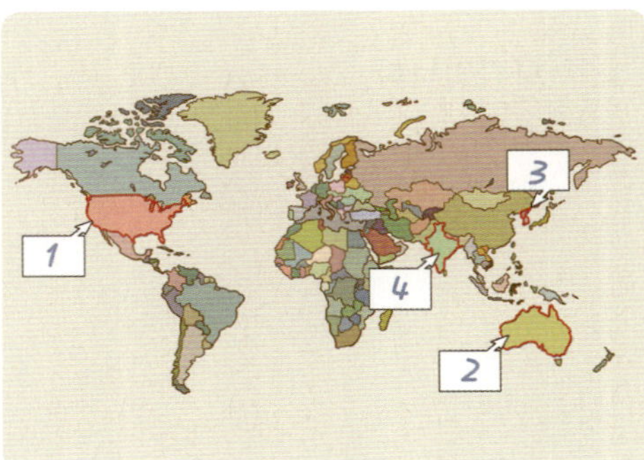


1. 미국 ( ○ / × )
2. 태국 ( ○ / × )
3. 한국 ( ○ / × )
4. 프랑스 ( ○ / × )

## Ⅱ. 다음 ______에 들어갈 알맞은 말을 고르세요.

1.
가: 안녕하세요?
나: ______________.

① 안녕하세요.
② 안녕히 가세요.

2.
가: 반갑습니다.
나: 네, ______________.

① 고맙습니다.
② 반갑습니다.

# 읽기 Reading

**Ⅰ. 다음 단어를 알아보세요.**

| 신분증, 학생증, 국적, 이름 |
|---|

1. (　　　　　　): 한국, 미국, 일본, 러시아, 중국
2. (　　　　　　): 김준수, 박혜진, 왕양, 마이클 존슨
3. (　　　　　　): 학생증, 외국인 등록증

**Ⅱ. 다음을 읽어 보세요.**

1.

1) 이름이 무엇입니까?

____________________________.

2). 어느 나라 사람입니까?

____________________________.

2. 맞으면 O, 틀리면 ×로 표시해 보세요.

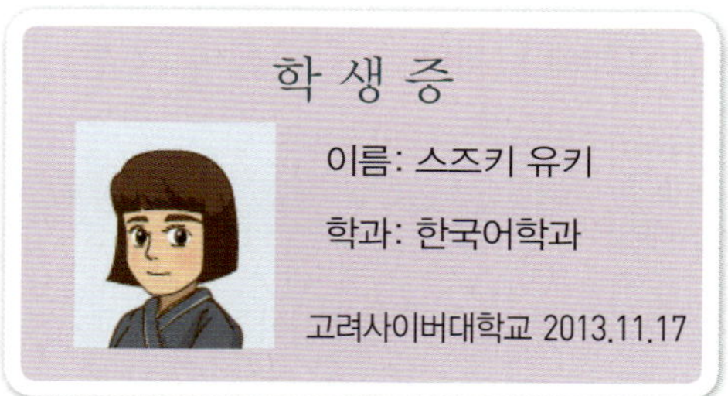


1) 이름이 유키입니다. (　　)
2) 호주 사람입니다. (　　)

**Ⅲ. 신분증을 만들고 자기소개를 해 보세요.**

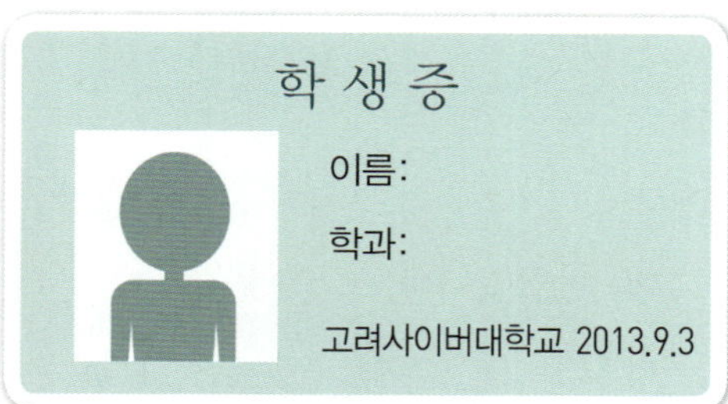


• 신분증(identification card) • 학생증(student ID) • 외국인 등록증(certification of alien registration)

Korean Culture



Koreans greet each other by saying "Ahnnyeonghaseyo" regardless of time of the day. When greeted with "Ahnneyonghaseyo," you can simply respond back with "Ahnneyonghaseyo." When greeting one another casually, you should slightly bow your head. When greeting someone formally, you should completely bow your head as well as your back.

# 2-2 한국 사람입니다.

I am Korean.

Loading Dialogue: Introducing Oneself

면접관: 이준수 씨는 중국 사람입니까?

이준수: 아니요, 저는 중국 사람이 아닙니다.
한국 사람입니다.

면접관: 학생입니까?

이준수: 네, 학생입니다.

Interviewer: Mr. Lee, are you Chinese?
Junsu: No, I am not Chinese. I am Korean.
Interviewer: Are you a student?
Junsu: Yes, I am a student.

**대답해 보세요**

1. 이준수는 어느 나라 사람입니까? ( )
   ① 중국 사람 ② 한국 사람
2. 이준수는 학생입니까? ( )
   ① 네, 학생입니다. ② 아니요, 학생이 아닙니다.

**어휘 New Vocabulary**

중국 사람 Chinese (person)
한국 사람 Korean (person)
아니요 No
학생 [학쌩] student

# 문법
Grammar

## ① ______입니까?

- '입니다'의 의문문이다.
- 격식을 차려야 하는 상황에서 주로 사용된다.

- '입니까?' is the question form of '입니다'
- This is used mostly in formal situations.

• 중국 사람**입니까?**
• 학생**입니까?**

## ② ______이/가 아닙니다.

- 앞의 명사에 대한 정보를 부정할 때 사용된다.
- 격식을 차려야 하는 상황에서 주로 사용된다.

- This is used to negate information about the noun preceding it.
- This is used mostly in formal situations.

| 받침 ○ → 이 아닙니다. | | 받침 × → 가 아닙니다. | |
|---|---|---|---|
| 학생 | 학생**이 아닙니다.** | 이준수 | 이준수**가 아닙니다.** |
| 중국 사람 | 중국 사람**이 아닙니다.** | 의사 | 의사**가 아닙니다.** |

• 저는 중국 사람**이 아닙니다.** 한국 사람입니다.
• 제 이름은 이준수**가 아닙니다.** 이지민입니다.

## 문법 연습 Grammar Practice

I . '입니까?'를 사용하여 대화를 완성해 보세요.

1. 가: 이준수 씨 ____________?
   나: 네, 이준수입니다.
2. 가: 한국 사람 ____________?
   나: 네, 저는 한국 사람입니다.
3. 가: 학생____________?
   나: 네, 저는 학생입니다.

II . '이/가 아닙니다'를 사용하여 대화를 완성해 보세요.

1. 가: 프랑스 사람입니까?
   나: 아니요, 프랑스 사람____________. 한국 사람입니다.
2. 가: 기자입니까?
   나: 아니요, 기자____________. 학생입니다.
3. 가: 준호 씨입니까?
   나: 아니요, 제 이름은 준호____________. 준수입니다.

### 정리해 보세요

I . 다음 밑줄 친 부분이 맞으면 ○, 틀리면 ×에 표시해 보세요.

1. 김준수는 의사이 아닙니다. ( ○ / × )
2. 미국 사람입니까? ( ○ / × )
3. 저는 회사원가 아닙니다. 학생입니다. ( ○ / × )

II . ________에 들어갈 알맞은 말을 고르세요.

1. 가: 김준수__________?
   나: 네, 저는 김준수입니다.

   ① 입니다 ② 입니까? ③ 아닙니다

2. 가: 선생님입니까?
   나: 아니요, 저는 선생님 __________.

   ① 입니다. ② 가 아닙니다. ③ 이 아닙니다.

## 듣기 Listening

다음은 이준수 씨와 미키 씨의 대화입니다. 잘 듣고 다음 질문에 대답해 보세요.

1. 미키 씨는 어느 나라 사람입니까? (      )
   ① 미국 사람  ② 브라질 사람  ③ 캐나다 사람  ④ 일본 사람

2. 미키 씨는 대학생입니까? (      )
   ① 네, 대학생입니다.  ② 아니요, 대학생입니다.
   ③ 네, 대학생이 아닙니다.  ④ 아니요, 대학생이 아닙니다.

## 말하기 Speaking

**I.** 배운 어휘와 문법을 사용하여 대화해 보세요.

| | |
|---|---|
| 1. 이름 | 가: 이름이 ____________? <br> 나: 저는 ____________. |
| 2. 국적 | 가: 어느 나라 사람 ________? 한국 사람입니까? <br> 나: 네, 저는 ____________. |
| 3. 직업 | 가: 의사입니까? <br> 나: 아니요, 저는 ____________. |

• 나라(country, nation)

## 어휘 플러스 Vocabulary Plus

### 직업

| | | |
|---|---|---|
| 선생님 | teacher | 예 저는 영어 선생님입니다. |
| 회사원 | office worker | 예 저는 회사원입니다. |
| 가수 | singer | 예 저는 가수입니다. |
| 기자 | reporter | 예 저는 기자입니다. |
| 의사 | doctor | 예 제 친구는 의사입니다. |
| 사업가 | businessman | 예 제 친구는 사업가입니다. |
| 경찰 | police officer | 예 제 직업은 경찰입니다. |
| 대학생 | college student | 예 제 동생은 대학생입니다. |
| 간호사 | nurse | 예 저는 간호사입니다. |
| 승무원 | flight attendant | 예 저는 승무원입니다. |
| 경호원 | guard | 예 제 직업은 경호원입니다. |
| 비서 | secretary | 예 저는 비서입니다. |
| 변호사 | lawyer | 예 저는 변호사입니다. |

**확인해 보세요**

I . 다음 그림을 보고 맞는 것을 찾아 연결해 보세요

1.  •      • 가) 선생님

2.  •      • 나) 회사원

3. 

•      • 다) 의사

4.  •      • 라) 경찰

Ⅱ. 서로 묻고 대답해 보세요.

보기

가: 직업이 무엇입니까?

나: 저는 한국어 선생님입니다.

가: ________________________?

나: ________________________.

## ● 정리해 보세요 ●

Ⅰ. 다음 그림과 맞으면 ○, 틀리면 X에 표시해 보세요.

1.  경찰입니다 ( ○ / × )

2. 

학생입니다 ( ○ / × )

3.  의사입니다 ( ○ / × )

Ⅱ. 다음 ________에 들어갈 알맞은 말을 고르세요.

1.
가: 학생입니까?
나: 네, 저는 __________입니다.

① 중국 사람
② 학생
③ 회사원

2.
가: 직업이 무엇입니까?
나: ________________.

① 네, 가수입니다.
② 아니요, 학생입니다.
③ 저는 회사원입니다.

I. 읽고 질문에 대답해 보세요.

안녕하세요?
제 이름은 이준수입니다.
저는 한국 사람입니다.
대학생입니다.
반갑습니다.

1. 이준수 씨는 어느 나라 사람입니까? (　　)

   ① 중국 사람　② 한국 사람　③ 프랑스 사람　④ 미국 사람

2. 이준수 씨 직업이 무엇입니까?

   ______________________________.

## Ⅱ. 자기소개를 써 보세요.

1. 먼저 생각해 보세요.

| | |
|---|---|
| 이름이 무엇입니까? | |
| 어느 나라 사람입니까? | |
| 직업이 무엇입니까? | |

2. 자기소개를 써 보세요.

보기

안녕하세요?

제 이름은 이준수입니다. 저는 한국사람입니다.

저는 대학생입니다.

안녕하세요?

# Korean Culture

The Korean education system consists of 6 years of elementary school, 3 years of middle school, 3 years of high school, and 4 years of college or university. A school year typically begins in March, and ends the following February. Exchange students or new students looking to transfer should take notice of when the academic year starts and finishes because the dates are different from the dates in the United States or China.

# 3 장소

## Place

학습 목표

### 3-1 책상이 있습니까?

- 기초 상태동사 및 간단한 사물 어휘를 배운다.
- '–습니까?' '–습니다'와 '이/가'를 배운다.
- 일상 공간 및 사물의 상태 정보를 전달할 수 있다.
- 한국인의 주거를 이해한다.

- Learn basic descriptive verbs and names of objects.
- Learn '–습니까?' '–습니다' and '이/가'.
- Talk about everyday spaces and state of objects.
- Understand Korean housing.

### 3-2 이 방은 겨울에 따뜻합니까?

- 기초 상태동사 및 간단한 사물 어휘를 배운다.
- '이, 그, 저'와 '–지 않습니다'를 배운다.
- 일상 공간 및 사물의 상태 정보를 전달할 수 있다.
- 한국인의 난방법인 온돌을 이해한다.

- Learn basic descriptive verbs and names of objects.
- Learn '이, 그, 저' and '–지 않습니다'.
- Talk about everyday spaces and state of objects.
- Understand Ondol, the Korean heating system.

# 3-1 책상이 있습니까?

Is there a desk?

Loading Dialogue: Describing Places 1

이준수: 기숙사 방이 큽니까?

직 원: 네, 큽니다.

이준수: 책상은 있습니까?

직 원: 네, 책상이 있습니다.

Junsu : Is the dormitory room big?
Worker : Yes, it is big.
Junsu : Is there a desk?
Worker : Yes, there is a desk.

**어휘 New Vocabulary**

기숙사 [기숙싸] dormitory
방 room
크다 to be big
작다 [작따] to be small
책상 [책쌍] desk
있다 [읻따] to exist, to have
침대 bed

**대답해 보세요**

1. 기숙사 방이 어떻습니까? (　　)
   ① 큽니다.　　② 작습니다.

2. 기숙사 방에 무엇이 있습니까? (　　)
   ① 책상　　② 침대

# 문법 Grammar

Loading

## ① 가: ＿＿＿＿＿습니까?/ㅂ니까? 나: ＿＿＿＿＿습니다./ㅂ니다.

- '-습니다'는 동작이나 상태의 서술을 나타내며 문장을 끝맺을 때 쓴다.
- '-습니까?'는 '-습니다'의 의문문이다.
- 보통 정중하게 격식을 갖출 때 사용한다.
- '-습니다/ㅂ니다'(서술문), '-습니까?/ㅂ니까?'(의문문)

- '-습니다' is used to state an action or state and is used at the end of a sentence.
- '-습니까?' is the question form of '-습니다'.
- This is usually used in polite formal situations.
- '-습니다/ㅂ니다'(statement), '-습니까?/ㅂ니까?' (question)

- 가: 책상이 **있습니까?** (있다) 나: 네, 책상이 **있습니다.**
- 가: 기숙사 방이 **큽니까?** (크다) 나: 네, **큽니다.**

| 받침 ○ → -습니다. | | 받침 × → -ㅂ니다 | |
|---|---|---|---|
| 먹다 | 먹**습니다.** | 자다 | 잡니다. |
| 좋다 | 좋**습니다.** | 예쁘다 | 예쁩니다. |

| 받침 ○ → -습니까? | | 받침 × → -ㅂ니까? | |
|---|---|---|---|
| 먹다 | 먹**습니까?** | 자다 | 잡니까? |
| 좋다 | 좋**습니까?** | 예쁘다 | 예쁩니까? |

## ② ＿＿＿＿＿이/가 ＿＿＿＿＿.

- 앞의 명사가 문장의 주어임을 나타낸다.

- This indicates that the preceding noun is the subject of the sentence.

| 받침 ○ → 이 | | 받침 × → 가 | |
|---|---|---|---|
| 학생 | 학생**이** | 의사 | 의사**가** |
| 책상 | 책상**이** | 침대 | 침대**가** |
| 예외) | 저+가 → 제가, 누구+가 → 누가 | | |

- 기숙사 방이 큽니까?
- 한국 친구가 있습니다.

## 문법 연습 Grammar Practice

**Ⅰ. 알맞은 것에 ○해 보세요.**

1. 물(이, 가) 따뜻합니다.
2. 기숙사(이, 가) 큽니다.
3. 키(이, 가) 작습니다.
4. 눈(이, 가) 좋습니다.

**Ⅱ. '-습니까?/습니다.'를 사용하여 대화를 완성해 보세요.**

1. 가: 날씨가 ________________? (어떻다)
   나: 날씨가 좋습니다.
2. 가: 밥이 ________________? (적다)
   나: 아니요, 많습니다.
3. 가: 신발이 작습니까?
   나: 아니요, ________________. (크다)
4. 가: 방이 따뜻합니까?
   나: 아니요, ________________. (춥다)

### 정리해 보세요

**Ⅰ. 다음 밑줄 친 부분이 맞으면 ○, 틀리면 ×에 표시해 보세요.**

1. 방이 아주 큽니다. (크다) ( ○ / × )
2. 기숙사가 좋니까? (좋다) ( ○ / × )
3. 날씨가 춥습니다. (춥다) ( ○ / × )

**Ⅱ. '-습니다/습니까'를 사용해서 다음 단어를 바르게 고친 것을 고르세요.**

1. 적다 → (① 적습니다 , ② 적니다 , ③ 적다습니다)
2. 나쁘다 → (① 나쁘습니까? , ② 나쁩니까? , ③ 나쁘답니까?)
3. 공부하다 → (① 공부하습니다 , ② 공부합니다 , ③ 공부하답니다)
4. 앉다 → (① 앉습니다 , ② 앉니다 , ③ 앉답니다)

• 키(height) • 눈(eye) • 날씨(weather) • 신발(shoes) • 좋다(to be good) • 공부하다(to study) • 앉다(to sit)

## 듣기 Listening

다음은 이준수 씨와 기숙사 사무실 직원과의 대화입니다. 잘 듣고 다음 질문에 대답해 보세요.

1. 기숙사 방이 어떻습니까? (　　)
   ① 큽니다.　② 작습니다.　③ 춥습니다.　④ 깨끗합니다.
2. 기숙사 방에 무엇이 있습니까? (　　)
   ① 화장실　② 베란다　③ 부엌　④ 창문

## 말하기 Speaking

**I. 배운 어휘와 문법을 사용하여 대화해 보세요.**

1. 가: 방이 따뜻합니까?
   나: ______________________.
2. 가: 한국 친구가 많습니까?
   나: ______________________.
3. 가: 오늘 날씨가 좋습니까?
   나: ______________________.
4. 가: 휴대전화가 있습니까?
   나: ______________________.

• 사무실(office)　• 직원(employee/staff)　• 친구(friend)　• 휴대전화(cellphone)　• 깨끗하다(to be clean)

## 어휘 플러스 Vocabulary Plus

### 집안과 가구

| | | |
|---|---|---|
| 창문 | window | 예 창문이 작습니다. |
| 침대 | bed | 예 침대가 없습니다. |
| 책장 | bookshelf | 예 책장이 있습니다. |
| 옷장 | wardrobe | 예 옷장이 작습니다. |
| 화장실 | bathroom | 예 화장실이 있습니다. |
| 부엌 | kitchen | 예 부엌이 없습니다. |

### 형용사 1

| | | |
|---|---|---|
| 많다 | to be many | 예 학생이 많습니다. |
| 적다 | to be few | 예 학생이 적습니다. |
| 좋다 | to be good | 예 날씨가 좋습니다. |
| 나쁘다 | to be bad | 예 날씨가 나쁩니다. |
| 있다 | to exist | 예 책장이 있습니다. |
| 없다 | to not exist | 예 옷장이 없습니다. |
| 크다 | to be big | 예 책상이 큽니다. |
| 작다 | to be small | 예 의자가 작습니다. |
| 덥다 | to be hot | 예 방이 덥습니다. |
| 춥다 | to be cold | 예 날씨가 춥습니다. |
| 어떻다 | how | 예 날씨가 어떻습니까? |

**확인해 보세요**

I. 반대말을 찾아 연결해 보세요.

| | |
|---|---|
| 1. 나쁘다 • | • 가) 많다 |
| 2. 크다 • | • 나) 없다 |
| 3. 있다 • | • 다) 좋다 |
| 4. 적다 • | • 라) 덥다 |
| 5. 춥다 • | • 마) 작다 |

Ⅱ. 다음 그림을 보고 맞는 것을 찾아 연결해 보세요..

1. 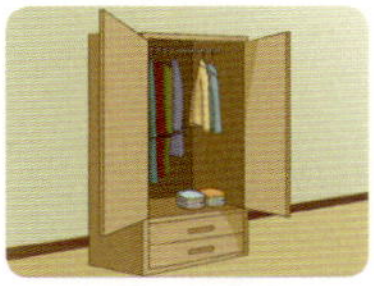 • • 가) 침대

2.  • • 나) 옷장

3. 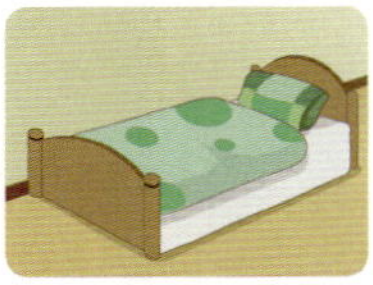 • • 다) 창문

4.  • • 라) 책장

**● 정리해 보세요 ●**

Ⅰ. 다음 ______에 들어갈 말을 고르세요.

1. 가: 날씨가 덥습니까?
   나: 아니요, ______________________.

① 날씨가 좋습니다. ② 날씨가 나쁩니다. ③ 날씨가 춥습니다.

2. 가: 학생이 많습니까?
   나: 아니요, ______________________.

① 학생이 많습니다. ② 학생이 적습니다. ③ 학생이 작습니다.

3. 가: 침대가 큽니까?
   나: 네, ______________________.

① 침대가 큽니다. ② 침대가 있습니다. ③ 침대가 작습니다.

## 읽기 Reading

**I.** 다음 단어와 관련된 것을 연결해 보세요.

| 책상, 책장, 침대, 부엌 |
|---|

| | |
|---|---|
| 1. 책상 • | • 가) 잡니다 |
| 2. 책장 • | • 나) 공부합니다 |
| 3. 침대 • | • 다) 요리합니다 |
| 4. 부엌 • | • 라) 책이 많습니다 |

**II.** 다음을 읽어 보세요.

**-기숙사-**
**방이 큽니다. 좋습니다.**
**책상, 책장, 침대가 있습니다.**
**화장실이 있습니다.**
**부엌이 없습니다.**

1. 기숙사 방이 어떻습니까?

______________
______________
______________.

2. 방에 무엇이 없습니까? (　　)

① 옷장
② 침대
③ 책장
④ 책상

3. 맞으면 O, 틀리면 ×에 표시해 보세요.

1) 방이 작습니다. ( O / × )
2) 화장실이 없습니다. ( O / × )
3) 부엌이 있습니다. ( O / × )

**III.** 여러분 방에 무엇이 있습니까? 이야기해 보세요.

| 책상, 컴퓨터, 침대, 텔레비전 |
|---|

• 자다(to sleep) • 요리하다(to cook) • 책(book) • 컴퓨터(computer) • 텔레비전(television)

Korean Culture



People who live in the cities usually live in public places such as apartments or townhouses. People who live in rural areas often live in single detached houses with yards. In the case of college students, if their campus is too far from home, students will live on campus in the dormitories.

# 3-2 이 방은 겨울에 따뜻합니까?

Is this room warm during the winter?

Loading Dialogue: Describing Places 2

이 준 수: 이 방은 겨울에 따뜻합니까?
룸메이트: 네, 따뜻합니다. 춥지 않습니다.
이 준 수: 이 침대가 제 침대입니까?
룸메이트: 아니요, 준수 씨 침대는 저 침대입니다.

Junsu: Is this room warm during the winter?
Roommate: Yes, it is warm. It's not cold.
Junsu: Is this bed my bed?
Roommate: No, your bed is that bed.

## 대답해 보세요

1. 기숙사 방이 겨울에는 어떻습니까? (　　)
   ① 춥습니다.　　② 따뜻합니다.

2. 준수 씨 침대는 어느 침대입니까? (　　)
   ① 　　② 

### 어휘 New Vocabulary

겨울 winter
따뜻하다 [따뜨타다] to be warm
춥다 [춥따] to be cold
제 my

# 문법
Grammar

## ① 이/그/저 ____________

- 사람이나 물건 등의 대상을 가리킬 때 쓴다.
  이 → 화자에게 가까운 것을 가리킬 때 쓴다.
  그 → 청자에게 가까운 것을 가리킬 때 쓴다.
  저 → 화자와 청자 모두에게 먼 것을 가리킬 때 쓴다.

- This is used when referring to a person or an object.
  이 → This is used when the person or object is close to the speaker.
  그 → This is used when the person or object is close to the listener.
  저 → This is used when the person or object is far from both the speaker and listener.

• **이** 방은 겨울에 따뜻합니까?
• 준수 씨 침대는 **저** 침대입니다.
• **그** 가방은 제 가방입니다.

## ② ____________지 않습니다.

- 앞의 동작이나 상태를 부정할 때 쓴다.
- 주로 격식을 갖출 때 쓴다.
- 아래 동사는 따로 부정어가 있다.
  알다 → 모르다, 있다 → 없다

- This is used to negate the preceding action or state.
- This is used mostly in formal situations.
- The following verbs have special negatives: 알다 (to know) → 모르다 (to not know), 있다 (to exist) → 없다 (to not exist).

• 따뜻합니다. 춥**지 않습니다.**
• 조용합니다. 시끄럽**지 않습니다.**

## 문법 연습 Grammar Practice

**I.** 다음 그림을 보고 손님의 말과 그림이 알맞은 것끼리 연결해 보세요.

1. 

2. 

3. 

가) 이 가방은 얼마입니까?　　나) 그 가방은 얼마입니까?　　다) 저 가방은 얼마입니까?

**II.** '–지 않습니다', '이/가 아닙니다'를 사용하여 대화를 완성해 보세요.

1. 가: 옷장이 큽니까?
   나: 아니요, ____________________.
2. 가: 눈이 좋습니까?
   나: 아니요, 눈이 ____________________.
3. 가: 그 바다가 아름답습니까?
   나: 아니요, ____________________.
4. 가: 신용카드가 있습니까?
   나: 아니요, ____________________.

### 정리해 보세요

**I.** 다음 ______에 들어갈 알맞은 말을 고르세요.

1. 
   ________은
   제 책상입니다.
   ① 이 책상　② 그 책상　③ 저 책상

2. 
   준수 씨 옷장은
   ________입니까?
   ① 이 옷장　② 그 옷장　③ 저 옷장

3. 
   ________이
   예쁩니다.
   ① 이 꽃　② 그 꽃　③ 저 꽃

**II.** 다음 ______에 들어갈 알맞은 말을 고르세요.

1. 가: 기분이 좋습니까?
   나: 아니요, 기분이 ____________.
   ① 좋습니다.　② 좋지 않습니다.

2. 가: 책상이 있습니까?
   나: 아니요, 책상이 ____________.
   ① 있습니다.　② 있지 않습니다.
   ③ 없습니다.

• 가방(bag)　• 바다(sea)　• 신용카드(credit card)　• 꽃(flower)　• 기분(feelings)

## 듣기 Listening

다음은 이준수 씨와 룸메이트의 대화입니다. 잘 듣고 다음 질문에 대답해 보세요.

1. 방이 어떻습니까? (　　)
   ① 시끄럽습니다.　② 조용합니다.　③ 춥습니다.　④ 따뜻합니다.

2. 준수의 책상은 어느 책상입니까? (　　)

①

②

## 말하기 Speaking

I . 배운 어휘와 문법을 사용하여 대화해 보세요.

1. 가: 방이 어떻습니까?　나: ________________.
2. 가: 날씨가 어떻습니까?　나: ________________.
3. 가: 기분이 어떻습니까?　나: ________________.

## 어휘 플러스 Vocabulary Plus

### 사물

| | | |
|---|---|---|
| 우산 | umbrella | 예 우산이 없습니다. |
| 신발 | shoes | 예 신발이 더럽습니다. |
| 옷 | clothes | 예 이 옷이 깨끗합니다. |
| 휴지 | tissue | 예 휴지가 없습니다. |

### 형용사 2

| | | |
|---|---|---|
| 싸다 | to be cheap | 예 사과가 쌉니다. |
| 비싸다 | to be expensive | 예 수박이 비쌉니다. |
| 예쁘다 | to be pretty | 예 저 가방 색깔이 참 예쁩니다. |
| 친절하다 | to be friendly | 예 그 사람은 정말 친절합니다. |
| 조용하다 | to be quiet | 예 학교가 조용합니다. |
| 시끄럽다 | to be loud | 예 교실이 시끄럽습니다. |
| 복잡하다 | to be complicated | 예 서울은 복잡합니다. |
| 깨끗하다 | to be clean | 예 공기가 참 깨끗합니다. |
| 더럽다 | to be dirty | 예 손이 더럽습니다. |
| 무겁다 | to be heavy | 예 가방이 무겁습니다. |
| 가볍다 | to be light | 예 이 신발은 가볍습니다. |
| 아름답다 | to be beautiful | 예 경치가 정말 아름답습니다. |

**확인해 보세요**

I. 그림에 무엇이 있습니까? 그림을 보고 맞는 이름을 써 보세요.

1. (                    )
2. (                    )
3. (                    )
4. (                    )

**II.** 반대말을 찾아 연결해 보세요.

| | |
|---|---|
| 1. 시끄럽다 • | • 가) 깨끗하다 |
| 2. 더럽다 • | • 나) 가볍다 |
| 3. 무겁다 • | • 다) 조용하다 |
| 4. 싸다 • | • 라) 비싸다 |

## ● 정리해 보세요 ●

**I.** 다음 ________에 들어갈 알맞은 말을 고르세요.

1. 가: 그 옷이 깨끗합니까?
   나: 아니요, 이 옷은 조금 ________________.

   ① 예쁩니다. ② 깨끗합니다. ③ 더럽습니다.

2. 가: 도서관이 시끄럽습니까?
   나: 아니요, 시끄럽지 않습니다. ________________.

   ① 아름답습니다. ② 복잡합니다. ③ 조용합니다.

3. 가: 박스가 무겁습니까?
   나: 네, 아주 ________________.

   ① 쌉니다. ② 무겁습니다. ③ 가볍습니다.

4. 그 승무원은 아주 ________________.

   ① 친절합니다. ② 복잡합니다. ③ 비쌉니다.

• 도서관(library) • 박스(box)

**I.** 읽고 질문에 대답해 보세요.

> 여기는 제 방입니다. 제 방은 작습니다.
> 방에 침대, 옷장, 책상이 있습니다. 침대가 크지 않습니다.
> 옷장이 깨끗합니다. 책상이 좋습니다.
> 제 방은 조용합니다. 그리고 따뜻합니다.

1. 무슨 이야기입니까? (　　)

   ① 친구　　② 학교　　③ 방　　④ 나라

2. 방이 어떻습니까? (　)

   ① 춥습니다　　② 더럽습니다　　③ 큽니다　　④ 조용합니다

3. 맞으면 ○, 틀리면 ×에 표시해 보세요.

   1) 침대가 있습니다.　( ○ / × )
   2) 옷장이 깨끗하지 않습니다.　( ○ / × )
   3) 책상이 좋지 않습니다.　( ○ / × )

**II. 여러분의 방은 어떻습니까? 써 보세요.**

1. 먼저 생각해 보세요.

| | |
|---|---|
| 방이 어떻습니까? | |
| 무엇이 있습니까? | |
| 방이 따뜻합니까? 춥습니까? | |

2. 여러분의 방을 소개해 보세요.

제 방은 ______________________________

방에 ________________ 이/가 있습니다.

방이 ______________________________

______________________________

______________________________

______________________________

______________________________

______________________________

## Korean Heating System : Ondol

Although there are Koreans who use beds, traditional Korean living encompasses lying on a heated floor in an Ondol room. Koreans enjoy Ondol rooms, or rooms with the Korean floor heating system. Unlike other countries, Korean apartments use the Ondol heating method to heat the floors of the apartments.

# 4 위치
## Location

학습 목표

### 4-1 열쇠가 어디에 있어요?

- 위치 및 공간 관련 어휘를 배운다.
- '에 있어요'와 '은/는'을 배운다.
- 사물의 위치 정보를 전달할 수 있다.
- 한국의 방향 표시를 이해한다.

- Learn words related to location and spaces.
- Learn '에 있어요' and '은/는'.
- Talk about the location of objects.
- Understand expressions of directions in Korea

### 4-2 이 근처에 은행이 있어요?

- 간단한 숫자 및 일상생활에 필요한 장소 어휘 등을 배운다.
- '도'와 '과/와'를 배운다.
- 장소와 위치 정보를 전달할 수 있다.
- 한국의 은행을 이해한다.

- Learn numbers and vocabulary related to space needed for everyday life.
- Learn '도' and '과/와'.
- Talk about space and location.
- Understand Korean banks.

# 4-1 열쇠가 어디에 있어요?

Where is the key?

Loading Dialogue: Describing the Location of Objects

이재훈: 열쇠가 어디에 있어요?
김유미: 책상 위에 있어요.
이재훈: 우산은 어디에 있어요?
김유미: 책상 옆에 있어요.

Jaehoon: Where is the key?
Yumi: It's on top of the desk.
Jaehoon: Where is the umbrella?
Yumi: It is next to the desk.

**대답해 보세요**

1. 열쇠가 어디에 있습니까? (　　)
   ① 책상 옆　　② 책장 옆
   ③ 책상 위　　④ 책장 위

2. 우산은 어디에 있습니까? (　　)
   ① 책상 옆　　② 책장 옆
   ③ 책상 위　　④ 책장 위

**어휘 New Vocabulary**

열쇠 key
어디 where
위 on, above
옆 [엽] next to
우산 umbrella

# 문법
Grammar

Loading

## ① ____________에 있어요.

- 무엇이 어떤 위치나 장소에 존재한다는 것을 서술한다.
- 친근하게 이야기하는 상황에서 많이 사용된다.
- _____에 있어요? → 의문문
- _____에 있어요 ↔ ______에 없어요.

- This is used to state the location or place of something.
- This is used a lot in situations with intimate conversations.
- _____에 있어요? → question form

• 지갑이 가방 안**에 있어요.**
• 교실이 1층**에 있어요.**

## ② ______은/는 _________

- 서로 다른 두 정보를 대조할 때 쓴다.
- '에' 뒤에 쓰여 대조를 나타내기도 한다.

- This is used when comparing two pieces of information.
- This can be appended to the back of '에' to compare as well.

| 받침 ○ → 은 | | 받침 × → 는 | |
|---|---|---|---|
| 학생 | 학생은 | 의사 | 의사는 |
| 우산 | 우산은 | 열쇠 | 열쇠는 |

• 열쇠가 책상 위에 있어요. 우산**은** 책상 옆에 있어요.
• 화장실이 2층**에** 있어요. 1층**에는** 없어요.

## 문법 연습 Grammar Practice

**Ⅰ.** 다음 단어를 사용하여 〈보기〉와 같이 문장을 완성해 보세요.

> **보기** 열쇠, 책상 위, 있다. ➔ 열쇠가 책상 위에 있어요.

1. 우산, 문 뒤, 있다. ➔ ______________________.
2. 가방, 의자 밑, 있다. ➔ ______________________.
3. 양말, 서랍 안, 있다. ➔ ______________________.

**Ⅱ.** 〈보기〉와 같이 '은/는'을 사용하여 문장을 완성해 보세요.

> **보기** 열쇠가 책상 위에 있어요. 우산<u>은</u> 책상 옆에 있어요.

1. 방에 TV가 있어요. 냉장고____ 없어요.
2. 방이 큽니다. 화장실____ 작습니다.
3. 2층에 화장실이 있어요. 1층____ 화장실이 없어요.

### 정리해 보세요

**Ⅰ.** 다음 ________에 들어갈 말을 고르세요.

1. 볼펜이 책상 위______ 있어요.

① 는　　② 에　　③ 이

2. 열쇠가 가방에 있어요. 책상 옆_______ 없어요.

① 에는　　② 이　　③ 입니다

**Ⅱ.** 다음 밑줄 친 부분이 맞으면 ○, 틀리면 ×에 표시해 보세요.

1. 컴퓨터가 침대 <u>옆에 있어요</u>. ( ○ / × )
2. 저는 공부합니다. <u>동생은</u> 잡니다. ( ○ / × )

• 양말(socks) • 서랍(drawer) • 냉장고(refrigerator) • 볼펜(ballpoint pen) • 동생(younger brother/sister)

## 듣기 Listening

다음은 이재훈 씨와 김유미 씨의 대화입니다. 잘 듣고 다음 질문에 대답해 보세요.

1. 리모컨이 어디에 있어요? (　　)
   ① 식탁 옆　　② 식탁 위　　③ TV 위　　④ TV 옆
2. 휴지는 어디에 있습니까? (　　)
   ① 식탁 옆　　② 식탁 위　　③ TV 위　　④ TV 옆

## 말하기 Speaking

I. 배운 어휘와 문법을 사용하여 대화해 보세요.

1. 가: 서울이 어느 나라에 있어요?
   나: ______________________.
2. 가: 토론토가 어느 나라에 있어요?
   나: ______________________.
3. 가: 집 근처에 무엇이 있어요?
   나: ______________________.
4. 가: 준수 씨 가방 안에는 무엇이 있어요?
   나: ______________________.

• 식탁(table)　• 근처(nearby)

## 어휘 플러스 Vocabulary Plus

### 방향과 위치

| | | |
|---|---|---|
| 아래 | below | 예 의자 아래에 가방이 있어요. |
| 앞 | front | 예 집 앞에 은행이 있어요. |
| 뒤 | back | 예 문 뒤에 옷걸이가 있어요. |
| 안 | inside | 예 지갑 안에 돈이 많습니다. |
| 밖 | outside | 예 화장실이 가게 밖에 있어요. |
| 사이 | between | 예 전화기가 TV와 컴퓨터 사이에 있어요. |
| 여기 | here | 예 여기는 제 고향입니다. |
| 거기 | there | 예 거기에 열쇠가 있어요. |
| 저기 | over there | 예 우산이 저기 문 옆에 있어요. |

### 가전제품

| | | |
|---|---|---|
| TV | television | 예 TV 옆에 리모컨이 있어요. |
| 컴퓨터 | computer | 예 컴퓨터 옆에 전화기가 있어요. |
| 전화기 | telephone | 예 전화기가 책상 위에 있어요. |
| 냉장고 | refrigerator | 예 주방에 냉장고가 있어요. |
| 세탁기 | washing machine | 예 베란다에 세탁기가 있어요. |
| 선풍기 | electric fan | 예 방에 선풍기가 있어요. |
| 에어컨 | air conditioner | 예 방에 에어컨이 없어요. |

**확인해 보세요**

I. 그림을 보고 빈 칸에 알맞은 방향/위치를 쓰세요.

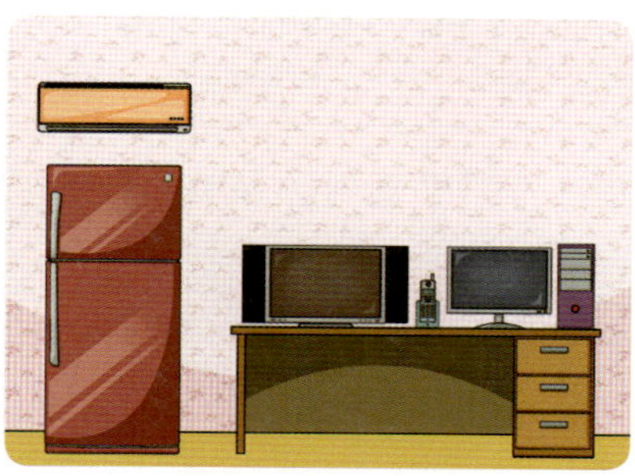

방 _____에 에어컨이 있어요.

에어컨 _____에 냉장고가 있어요.

냉장고 _____에 책상이 있어요.

책상 _____에 TV가 있어요.

그 옆에 컴퓨터도 있어요.

전화기는 TV와 컴퓨터 _____에 있어요.

Ⅱ. 다음 그림을 보고 맞는 것을 찾아 연결해 보세요.

1.  • • 가) 여기

2.  • • 나) 거기

3.  • • 다) 저기

## 정리해 보세요

Ⅰ. 다음 ______에 들어갈 알맞은 것을 고르세요.

1. 

컴퓨터 ______에 창문이 있어요.

① 뒤 ② 앞 ③ 밖

2. 

빌딩 _____에 나무가 있어요.

① 아래 ② 사이 ③ 안

Ⅱ. 다음 밑줄 친 부분의 쓰임이 맞으면 O, 틀리면 ×에 표시해 보세요.

1. 냉장고 안에 주스가 있습니다. ( O / × )
2. 선풍기 안에는 옷이 있습니다. ( O / × )
3. 식탁 위에 피자가 있습니다. ( O / × )

• 창문(window) • 빌딩(building) • 주스(juice) • 피자(pizza)

## 읽기 Reading

**Ⅰ. 다음 단어를 연결해 보세요.**

식사: 아침, 점심, 저녁

| | |
|---|---|
| 1. AM 8:00 • | • 가) 점심 |
| 2. PM 1:00 • | • 나) 아침 |
| 3. PM 7:00 • | • 다) 저녁 |

**Ⅱ. 다음을 읽어 보세요.**

1. 방에 무엇이 있어요?

______________________

______________________

______________________

______________________.

2. 고려사이버대학교가 어디에 있어요? (　　)

① 집 옆
② 집 뒤
③ 집 앞
④ 집 아래

3. 맞으면 O, 틀리면 ×에 표시해 보세요.

1) 집에 방이 많습니다. ( O / × )
2) 화장실은 방 안에 있어요. ( O / × )
3) 점심 식사가 있어요. ( O / × )

**Ⅲ. 다음의 방이 어떻습니까? 이야기해 보세요.**

방이 있어요! 방이 큽니다. 깨끗합니다.
방 안에 화장실이 있어요. 집 옆에 지하철역이 있어요. 식사는 없습니다.
TEL: 02-123-4567

• 식사(meal) • 아침(breakfast) • 점심(lunch) • 저녁(dinner) • 지하철역(subway station)

In Korea, the words "east, west, south, north" and "front, rear, left, right" are used often when giving directions. These commands such as "전진, 후진, 좌회전, 우회전" are of Chinese origin and are used often in public traffic areas. "전진" means to move forward, "후진" means to move backward, "좌회전" means to turn left, and "우회전" means to turn right.

# 4-2 이 근처에 은행이 있어요?

Is there a bank around here?

Loading Dialogue: Describing the Location of Places

**행 인:** 이 근처에 은행이 있어요?

**김유미:** 네, 저 건물 2층에 있어요.

**행 인:** 약국도 있어요?

**김유미:** 은행과 약국 모두 건물 2층에 있어요.

**Pedestrian:** Is there a bank around here?

**Yumi:** Yes, there is one on the 2nd floor of that building.

**Pedestrian:** Is there a pharmacy as well?

**Yumi:** Yes, both the bank and the pharmacy are on the 2nd floor of that building.

### 대답해 보세요

1. 맞으면 O, 틀리면 ×에 표시해 보세요.
   1. 은행이 근처에 있습니다. ( O / × )
   2. 약국도 이 근처에 있습니다. ( O / × )
   3. 은행이 건물 1층에 있습니다. ( O / × )
   4. 약국이 건물 2층에 있습니다. ( O / × )

### 어휘 New Vocabulary

근처 nearby
은행 bank
건물 building
약국 [약꾹] pharmacy
모두 all, every
2층 second floor

# 문법
Grammar

Loading

## ① ______________ 도 ______________.

- 어떤 것에 무엇이 더해지는 뜻을 나타낸다.
- '에' 뒤에 쓰여 무엇이 더해짐을 나타내기도 한다.

- This is used when adding more information.
- This can also be appended to '에' when adding more information.

- 이 근처에 은행이 있어요? 약국**도** 있어요?
- 제 방에 컴퓨터가 있어요. 거실**에도** 컴퓨터가 있어요.

## ② ______________ 과/와 ______________.

- 둘 이상의 명사들을 같은 자격으로 말할 때 사용한다.

- This is used with two nouns that have the same qualifications.

| 받침 ○ → 과 | | 받침 × → 와 | |
|---|---|---|---|
| 은행 | 은행**과** | 기숙사 | 기숙사**와** |
| 책상 | 책상**과** | 의자 | 의자**와** |

- 은행**과** 약국 모두 건물 2층에 있어요.
- 기숙사**와** 학교가 모두 가깝습니다.

## 문법 연습 Grammar Practice

**Ⅰ. '과/와'를 사용하여 〈보기〉처럼 문장을 완성해 보세요.**

> 보기 차 열쇠, 집 열쇠, 책상 위, 있다. → 책상 위에 차 열쇠**와** 집 열쇠가 있어요.

1. 문 뒤, 신발, 우산, 있다. → ______________________.
2. 의자 밑, 모자, 가방, 있다. → ______________________.
3. 서랍 안, 속옷, 양말, 있다. → ______________________.

**Ⅱ. '도'를 사용하여 〈보기〉처럼 문장을 완성해 보세요.**

> 보기 열쇠가 책상 위에 있습니다. 지갑**도** 책상 위에 있습니다.

1. 방에 TV가 있어요. 냉장고___ 있어요.
2. 방이 큽니다. 화장실___ 큽니다.
3. 2층에 화장실이 있어요. 3층___ 화장실이 있어요.

### 정리해 보세요

**Ⅰ. 다음 중 ____에 들어갈 알맞은 것을 고르세요.**

1\. 도서관에 학생이 있어요. 교실____ 학생이 있어요.

① 에도 ② 에는 ③ 이

2\. 빵____ 우유가 있어요.

① 도 ② 과 ③ 은

**Ⅱ. 다음 밑줄 친 부분이 맞으면 ○, 틀리면 ×에 표시해 보세요.**

1. 텔레비전과 컴퓨터가 있습니다. ( ○ / × )
2. 지우개과 연필도 있습니다. ( ○ / × )
3. 열쇠가 가방에 있습니다. 지갑도 가방에 있습니다. ( ○ / × )

• 의자(chair) • 모자(hat) • 지갑(wallet) • 지우개(eraser) • 연필(pencil) • 속옷(underwear) • 도서관(library) • 빵(bread)

## 듣기 Listening

다음은 행인과 김유미 씨의 대화입니다. 잘 듣고 다음 질문에 대답해 보세요.

1. 편의점이 어디에 있어요? (　　)
   ① 빵집 안에 있어요.　② 건물 안에 있어요.　③ 빵집 위에 있어요.　④ 건물 밖에 있어요.

2. 편의점과 빵집은 몇 층에 있어요? (　　)
   ① 1층　② 2층　③ 3층　④ 4층

## 말하기 Speaking

I. 배운 어휘와 문법을 사용하여 대화해 보세요.

보기
가: 책상 위에 무엇이 있어요?
나: 책과 공책이 있어요.

1. 가: 은행과 약국이 어디에 있어요?
   나: ________________.

2. 가: 방에 무엇이 있어요?
   나: ________________.

3. 가: 그 건물에 무엇이 있어요?
   나: ________________.

4. 가: 방에 누가 있어요?
   나: ________________.

• 공책(notebook)　• 건물(building)

## 어휘 플러스 Vocabulary Plus

### 숫자 1

| | | |
|---|---|---|
| 1 일 | one, first | 예 1층(일층)에 화장실이 없어요. |
| 2 이 | two, second | 예 2층(이층)에 서점이 있어요. |
| 3 삼 | three, third | 예 3층(삼층)에 은행이 있어요. |
| 4 사 | four, fourth | 예 4층(사층)에 병원이 있어요. |
| 5 오 | five, fifth | 예 5층(오층)에 식당이 많습니다. |
| 6 육 | six, sixth | 예 6층(육층)에 커피숍이 있어요. |
| 7 칠 | seven, seventh | 예 7층(칠층)에 사무실이 있어요. |
| 8 팔 | eight, eighth | 예 8층(팔층)에 태국 식당이 있어요. |
| 9 구 | nine, ninth | 예 9층(구층)에 남자 화장실이 없어요. |
| 10 십 | ten, tenth | 예 10층(십층)에 술집이 있어요. |
| 20 이십 | twenty, twentieth | 예 초콜릿이 20(이십/스무) 개 있어요. |
| 30 삼십 | thirty, thirtieth | 예 초콜릿이 30(삼십) 개 있어요. |
| 40 사십 | forty, fortieth | 예 초콜릿이 40(사십) 개 있어요. |
| 50 오십 | fifty, fiftieth | 예 초콜릿이 50(오십) 개 있어요. |

### 장소

| | | |
|---|---|---|
| 사무실 | office | 예 사무실이 큽니다. |
| 우체국 | post office | 예 이 근처에 우체국이 없어요. |
| 병원 | hospital | 예 병원은 저기에 있어요. |
| 편의점 | convenience store | 예 편의점이 집 앞에 있어요. |
| 꽃집 | flower shop | 예 꽃집은 1층에 있어요. |
| 빵집 | bakery | 예 빵집은 꽃집 앞에 있어요. |
| 식당/음식점 | restaurant | 예 서울에 멕시코 음식점이 있어요. |
| 서점 | bookstore | 예 서점에 책이 많습니다. |
| 커피숍 | coffee shop | 예 커피숍이 시원합니다. |
| 가게 | store | 예 저 건물에 옷가게가 많습니다. |

## 확인해 보세요

**Ⅰ. 다음 그림에 맞는 말을 찾아보세요.**

1. 

2. 

3. 

4. 

식당　　　커피숍　　　꽃집　　　빵집

**Ⅱ. 다음 그림을 보고 이야기해 보세요.**

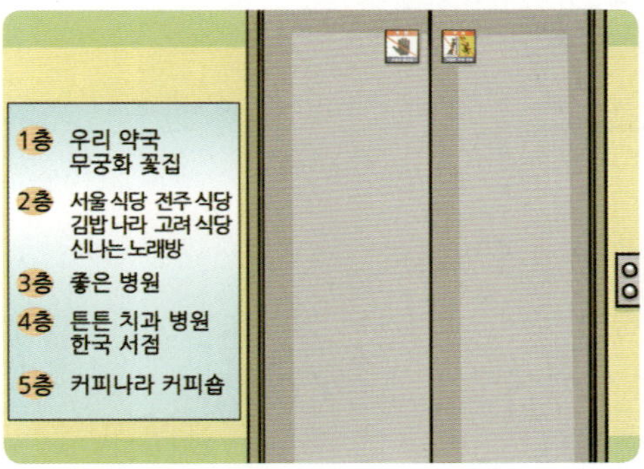


(　　)층에는 약국과 _____이 있습니다.

(　　)층에는 _____이 많습니다.

(　　)층에는 병원이 있습니다.

(　　)층에도 _____이 있습니다.

(　　)층에는 _____이 있습니다.

## 정리해 보세요

**Ⅰ. 다음 숫자를 맞게 읽으면 o, 틀리게 읽으면 ×에 표시해 보세요.**

1. 1 ⇒ 일　( o / × )　　2. 6 ⇒ 육　( o / × )

3. 8 ⇒ 구　( o / × )　　4. 3 ⇒ 사　( o / × )

**Ⅱ. 다음 ________에 들어갈 알맞은 말을 고르세요.**

1. ________에 의사가 있습니다. 간호사도 있습니다.

① 병원　② 우체국　③ 꽃집

2. ________에 책이 많습니다. 노트도 많습니다.

① 커피숍　② 빵집　③ 서점

## 읽고 쓰기 Reading and Writing

**I.** 읽고 질문에 대답해 보세요.

우리 집은 홍대 근처에 있어요. 집 뒤에 은행이 있어요.
집 앞에 학교가 있어요. 집 옆에 커피숍이 있어요. 가게도 있어요.
집 근처에 2층 건물이 있어요. 그 건물 안에 약국과 식당이 있어요.
약국은 1층에 있어요. 식당은 2층에 있어요.

1. 집이 어디에 있어요?

______________________________

2. 집 옆에 무엇이 있어요?

______________________________

3. 맞으면 *o*, 틀리면 ×에 표시해 보세요.

1) 집 앞에 은행이 있어요. ( o / × )
2) 집 근처에 삼층 건물이 있어요. ( o / × )
3) 약국은 건물 일층에 있어요. ( o / × )

## Ⅱ. 집 근처에 무엇이 있습니까? 써 보세요.

1. 먼저 생각해 보세요.

| | |
|---|---|
| 집 앞(뒤)에 무엇이 있어요? | |
| 집 옆에 무엇이 있어요? | |
| 집 근처에 무엇이 있어요? | |

2. 집 근처를 소개해 보세요.

우리집은 ________________________ 에 있어요.
집 앞에 ________________________ 이/가 있어요.
집 옆에 ________________________ 이/가 있어요.
집 근처에 ________________________ 이/가 있어요.

Korean Culture

## Korean Banks

Not only can you deposit money, but you can also exchange currencies and transfer money at Korean banks. Business hours for Korean banks are from 9 am to 4 pm, but through internet banking and mobile banking applications, you can make any number of transactions regardless of time and place.

# 5 하루 생활

## Daily Routines

학습 목표

### 5-1 몇 시에 일어나요?

- 시간 관련 표현 및 일상생활 관련 어휘를 배운다.
- '-어요'와 '에'를 배운다.
- 시간에 따른 하루 일과에 대해서 이야기할 수 있다.
- 한국의 등교 시간을 이해한다.

- Learn expressions related to time and words related to everyday life.
- Learn '-어요' and '에'.
- Talk about things people do at different times of the day.
- Understand the time Korean students go to school.

### 5-2 어디에 가요?

- 이동 동사 및 일상생활 관련 어휘를 배운다.
- '에 가요'와 '에서'를 배운다.
- 하루 일과가 이루어지는 장소에 대해서 이야기할 수 있다.
- 한국의 스포츠 태권도를 이해한다.

- Learn movement verbs and words related to everyday life.
- Learn '에 가요' and '에서'.
- Talk about the places where people do things during the day.
- Understand Korea's sport, Taekwondo.

# 5-1 몇 시에 일어나요?

What time do you wake up?

Loading · Dialogue: Describing Daily Routines

이준수: 혜진 씨는 몇 시에 일어나요?
박혜진: 보통 7시에 일어나요.
이준수: 그럼 몇 시에 학교에 가요?
박혜진: 8시쯤에 가요.

Junsu: Hyejin, what time do you wake up?
Hyejin: I usually wake up at 7.
Junsu: Then what time do you go to school?
Hyejin: I leave around 8.

### 대답해 보세요

1. 혜진 씨는 7시에 뭐해요? (　　)
   ① 일어나요　　② 자요
2. 혜진 씨는 몇 시에 학교에 가요? (　　)
   ① 7시　　② 8시

### 어휘 New Vocabulary

몇 시 [멷 씨] What time
일어나다 [이러나다] to wake up
학교에 가다 [학꾜에 가다] to go to school
7시 [일곱씨] seven o'clock
보통 usually
쯤 about

## 문법
Grammar

Loading

### 1 ___________어요/아요.

- '-어요/아요'는 동작이나 상태의 서술을 나타내며 문장을 끝맺을 때 쓴다.
- '-어요?/아요?'는 '-어요/아요'의 의문문이다.

- '-어요/아요' is used to state an action or state and is used at the end of a sentence.
- '-어요?/아요?' is the question form of '-어요/아요'.

| ㅏ, ㅗ → -아요 | | ㅓ, ㅜ, ㅐ .... → -어요 | | 하다 → -해요 | |
|---|---|---|---|---|---|
| 작다 | 작아요 | 울다 | 울어요 | 착하다 | 착해요 |
| 놀다 | 놀아요 | 먹다 | 먹어요 | 공부하다 | 공부해요 |

- 일부 동사는 줄여서 사용한다.
  일어나다 → 일어나요 / 가다 → 가요
  / 보다 → 보아요 → 봐요
- '하다' 동사는 '해요'로 된다.
  착하다 → 착해요 / 공부하다 → 공부해요.

- Some verbs are contracted when used.
  일어나다 → 일어나요 / 가다 → 가요
  / 보다 → 보아요 → 봐요
- '하다' verbs are changed to '해요'.
  하다 → 착해요 / 공부하다 → 공부해요.

- 보통 7시에 **일어나요.**(일어납니다)
- 준수는 밥을 **먹어요.** (먹습니다)
- 지민이는 **착해요.** (착합니다)
- 혜진이는 키가 **작아요.** (작습니다)
- 지금 뭐 **봐요?** (봅니까?)

### 2 ___________에 ___________.

- 앞말이 시간을 나타내는 말임을 나타내는 조사.
- '언제', '지금', '오늘', '내일', '모레', '어제', '그제'와 같은 단어에는 '에'가 붙지 않는다.

- The word preceding this particle is one that indicates time.
- Words such as when, now, today, tomorrow, day after tomorrow, yesterday, day before yesterday are not attached to '에'.

- 가: 아침**에** 몇 시**에** 일어나요? 나: 7시**에** 일어나요.
- 가: 주말**에** 뭐해요? 나: 주말에는 운동을 해요
- 가: **언제** 출발해요? 나: **내일** 출발해요.

## 문법 연습 Grammar Practice

**Ⅰ. '-어요/아요'를 사용하여 문장을 완성해 보세요.**

1. 가방에 지갑이 ______________________. (없다)
2. 오늘 날씨가 ______________________. (좋다)
3. 몇 시에 비행기가 ______________________? (출발하다)

**Ⅱ. '에'를 사용하여 다음 대화를 완성해 보세요.**

1. 가: 보통 몇 시에 자요?
   나: ______________________.
2. 가: 아침에 몇 시에 일어나요?
   나: ______________________.
3. 가: 몇 시에 학교에 가요?
   나: ______________________.

### 정리해 보세요

**Ⅰ. 다음 밑줄 친 부분을 맞게 바꾸었으면 ○, 틀리게 바꾸었으면 ×에 표시해 보세요.**

1. 먹다 - 먹습니다 - 먹어요 ( ○ / × )
2. 좋다 - 좋습니다 - 좋어요 ( ○ / × )
3. 기다리다 - 기다립니다 - 기다려요 ( ○ / × )
4. 공부하다 - 공부합니다 - 공부하아요 ( ○ / × )

**Ⅱ. 다음 밑줄 친 부분이 맞으면 ○, 틀리면 ×에 표시해 보세요.**

1. 저는 8시에 일어나요. ( ○ / × )
2. 오늘에 학교에 가요. ( ○ / × )

• 지갑(wallet) • 기다리다(to wait) • 공부하다(to study) • 비행기(airplane) • 출발하다(to depart)

## 듣기 Listening

다음은 이재훈 씨와 의사의 대화입니다. 잘 듣고 다음 질문에 대답해 보세요.

1. 재훈 씨는 몇 시에 일어나요? (　　)
   ① 6시　　② 7시　　③ 8시　　④ 9시

2. 재훈 씨는 11시에 뭐 해요? (　　)
   ① 일어나요　　② 일해요　　③ 자요　　④ 공부해요

## 말하기 Speaking

**I. 배운 어휘와 문법을 사용하여 〈보기〉와 같이 말해 보세요.**

보기

6시 (일어나다)
아침 7시 반 (출발하다)
오후 (쇼핑하다)
저녁 (회의하다)
밤 10시 (도착하다)
새벽 2시 (자다)

6시에 일어나요.

1. 오전 7시 반에 ______________.
2. ______________.
3. ______________.
4. ______________.
5. ______________.

• 구경하다(to look around)　• 쇼핑하다(to shop)　• 회의하다(to meet in conference)　• 도착하다(to arrive)

## 어휘 플러스 Vocabulary Plus

### 때

| | | |
|---|---|---|
| 낮 | day | 예 저는 오늘 낮에 친구와 쇼핑해요. |
| 밤 | night | 예 제 동생은 밤에 게임해요. |
| 새벽 | dawn | 예 저는 새벽에 일어나요. |
| 아침 | morning | 예 아침에 신문이 와요. |
| 점심 | lunchtime | 예 저는 점심시간에 좀 자요. |
| 저녁 | evening | 예 저는 강아지와 저녁에 산책해요. |

### 숫자 2

| | | |
|---|---|---|
| 하나 | one | 예 아이가 하나 있어요. |
| 둘 | two | 예 아이가 둘 있어요. |
| 셋 | three | 예 아이가 셋 있어요. |
| 넷 | four | 예 아이가 넷 있어요. |
| 다섯 | five | 예 아이가 다섯 있어요. |
| 여섯 | six | 예 아이가 여섯 있어요. |
| 일곱 | seven | 예 아이가 일곱 있어요. |
| 여덟 | eight | 예 아이가 여덟 있어요. |
| 아홉 | nine | 예 아이가 아홉 있어요. |
| 열 | ten | 예 아이가 열 명이 있어요. |
| 1시 (한 시) | one o'clock | 예 저는 1시(한 시)에 출발해요. |
| 2시 (두 시) | two o'clock | 예 저는 2시(두 시)에 수업이 있어요. |
| 3시 (세 시) | three o'clock | 예 저는 3시(세 시)에 숙제해요. |
| 4시 (네 시) | four o'clock | 예 저는 4시(네 시)에 아르바이트해요. |
| 5시 (다섯 시) | five o'clock | 예 저는 5시(다섯 시)에 친구와 공부해요. |
| 6시 (여섯 시) | six o'clock | 예 저는 6시(여섯 시)에 일어나요. |
| 7시 (일곱 시) | seven o'clock | 예 저는 7시(일곱 시)에 운동해요. |
| 8시 (여덟 시) | eight o'clock | 예 저는 8시(여덟 시)에 약속이 있어요. |
| 9시 (아홉 시) | nine o'clock | 예 저는 9시(아홉 시)에 도착해요. |
| 10시 (열 시) | ten o'clock | 예 저는 10시(열 시)에 게임해요. |
| 11시 (열한 시) | eleven o'clock | 예 저는 11시(열한 시)에 자요 |
| 12시 (열두 시) | twelve o'clock | 예 저는 12시(열두 시)에 컴퓨터해요. |

**● 확인해 보세요 ●**

**Ⅰ.** 몇 시입니까? 다음을 읽으세요.

1) 1시　　2) 3시 15분　　3) 8시 40분　　4) 12시 30분

**Ⅱ.** 다음 그림을 보고 언제, 무엇을 하는지 이야기해 보세요.

1. 

2. 

3. 

4. 

보기  저는 오전에 공부해요.

1.

2.

3.

4.

**● 정리해 보세요 ●**

**Ⅰ.** 다음 숫자를 맞게 세면 ㅇ, 틀리게 세면 ×에 표시해 보세요.

1. 2 - 둘 ( ㅇ / × )　　2. 7 - 여덟 ( ㅇ / × )　　3. 5 - 다섯 ( ㅇ / × )

**Ⅱ.** 다음 ______에 들어갈 알맞은 말을 고르세요.

1. 2:00
가: 몇 시입니까?
나: ____________입니다.

① 한 시　② 두 시　③ 세 시

2. 8:00
가: 몇 시입니까?
나: ____________입니다.

① 여섯 시　② 일곱 시　③ 여덟 시

**Ⅲ.** 다음을 보고 알맞은 것을 고르세요.

1. pm. 7:00

① 낮 일곱 시　② 아침 일곱 시
③ 저녁 일곱 시

2. am. 10:00

① 점심　② 오전 열 시
③ 오후 열 시

## 읽기 Reading

**Ⅰ. 다음 단어를 알아보세요.**

| 수업, 시작하다, 끝나다 |
|---|

1. 날마다 학교에 가요. (          )이/가 있어요.
2. 저는 아침 8시에 회사에 가요. 5시에 일이 (          )어요/아요/여요.
3. 3시 10분에 영화를 (          )습니다/ㅂ니다. 사람들이 의자에 앉습니다.

**Ⅱ. 다음을 읽어 보세요.**

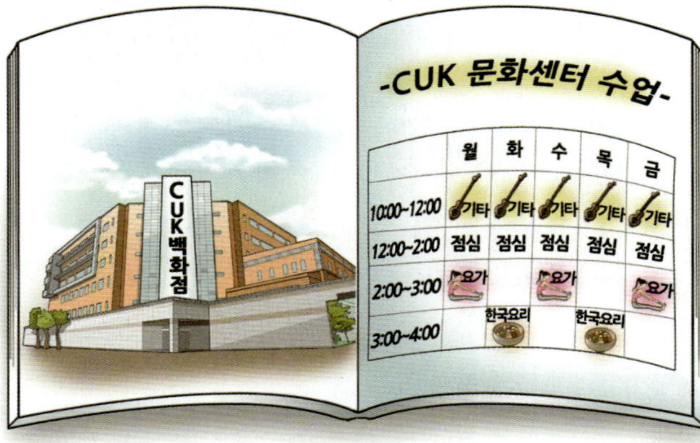


1. 기타 수업이 몇 시에 시작해요? (        )
   ① 오전 아홉 시
   ② 오전 열 시
   ③ 오후 한 시
   ④ 오후 두 시
2. 몇 시에 점심시간이 끝나요?

   ______________________________.
3. 맞으면 O, 틀리면 ×에 표시해 보세요.
   1) 날마다 기타 수업이 있어요. ( O / × )
   2) 한국 요리는 매일 하지 않아요. ( O / × )
   3) 오후에 운동해요. ( O / × )

**Ⅲ. 몇 시에 무엇을 해요? 아래 시간표를 보고 이야기해 보세요.**

| 9: 00 ~ 1: 00 | 학교 수업 |
|---|---|
| 1: 00 ~ 2: 00 | 점심 |
| 3: 00 ~ 5: 00 | 아르바이트 |
| 5: 00 ~ 6: 00 | 약속 |
| 6: 30 ~8: 00 | 공부 |

• 수업(class) • 시작하다(to begin) • 끝나다(to end) • 날마다(everyday) • 영화(movie) • 기타(guitar)
• 운동하다(to exercise) • 아르바이트(part-time job) • 약속(promise)

*Korean* **Culture**

## Korean School Start Times

Korean students must report to school by different times. Elementary students usually have to report by 8:30~8:50. Middle school students must report slightly earlier, usually by 8:20~8:40. High school students are to report to school by 7:30~7:50. Elementary, middle, and high school students can be seen reviewing their materials with their homeroom teachers even before school starts. College students on the other hand, do not have a specific time they must report on campus. College students have much more flexibility and just have to show up for the classes they signed up for.

# 5-2 어디에 가요?

Where are you going?

Loading Dialogue: Describing Daily Routines 2

이준수: 헤진 씨, 어디에 가요?

박혜진: 헬스클럽에 가요.

이준수: 헬스클럽에서 자주 운동해요?

박혜진: 네, 자주 운동해요.

Junsu: Hyejin, where are you going?
Hyejin: I'm going to the gym.
Junsu: Do you go to the gym often?
Hyejin: Yes, I exercise quite often.

**대답해 보세요**

1. 혜진 씨는 어디에 가요? (　　)
   ① 집　　② 헬스클럽
2. 혜진 씨는 거기에서 뭐해요? (　　)
   ① 산책해요　　② 운동해요

**어휘 New Vocabulary**

헬스클럽 gym
가다 to go
자주 often
운동하다 to exercise

## 문법
Grammar

Loading

### ① ________에 가요.

- 앞말이 나타내는 장소로 이동함을 나타낸다.
- '가다'와 같이 이동을 나타내는 동사와 쓰인다. (오다, 다니다 등)

- This indicates movement to some place.
- Movement words can also be used in place of '가다'.

• 가: 어디**에 가요?** 나: 헬스클럽**에 가요.**
• 저는 은행**에 다녀요.**
• 학교**에 가요.**

### ② ____________에서 ______________.

- 앞말이 장소임을 나타내는 조사
- 뒤에 주로 동작동사가 온다.

- This particle indicates that the preceding word is a place.
- An action verb is often used in the part that follows.

• 헬스클럽**에서** 자주 운동해요?
• 집**에서** 운동해요.

## 문법 연습 Grammar Practice

**Ⅰ. '에'를 사용하여 문장을 완성해 보세요.**

1. 주말에 할머니 댁__ 가요.
2. 오늘 친구가 집__ 와요.
3. 동생이 고려사이버대학교__ 다녀요.

**Ⅱ. 알맞은 것끼리 연결해 보세요.**

| | |
|---|---|
| 1. 집 근처에서 • | • 가) 일합니다. |
| 2. 백화점에서 • | • 나) 갑니다. |
| 3. 화장실에 • | • 다) 산책합니다. |

### 정리해 보세요

**Ⅰ. 다음 ____에 들어갈 알맞은 말을 고르세요.**

1. 저는 저녁 8시에 기숙사____ 가요.

① 에 ② 에서 ③ 와

2. 동생은 대학교____ 다녀요.

① 에서 ② 에 ③ 가

3. 저는 도서관____ 공부해요.

① 도 ② 에 ③ 에서

**Ⅱ. 다음 밑줄 친 부분이 맞으면 o, 틀리면 ×에 표시해 보세요.**

1. 회사원이 회사에서 일해요. ( o / × )
2. 저녁에 친구가 집에 와요. ( o / × )
3. 혜진 씨가 노래방에 노래해요. ( o / × )

• 주말(weekend) • 할머니(댁)(grandmother(house)) • 백화점(department store) • 노래방(karaoke)

## 듣기 Listening

다음은 준수 씨와 혜진 씨의 대화입니다. 잘 듣고 다음 질문에 대답해 보세요.

1. 준수 씨는 어디에 가요? (　　)
   ① 집　　② 공원　　③ 헬스클럽　　④ 학교 운동장

2. 준수 씨는 거기에 얼마나 자주 가요? (　　)
   ① 매일 가요.　　② 가끔 가요.　　③ 자주 가요.　　④ 날마다 가요.

## 말하기 Speaking

I. 배운 어휘와 문법을 사용하여 대화해 보세요.

1. 가: 어디에서 공부해요?
   나: ________________________________.

2. 가: 어디에서 일해요?
   나: ________________________________.

3. 가: 백화점에서 뭐해요?
   나: ________________________________.

# 어휘 플러스 Vocabulary Plus

## 동사 1

| | | |
|---|---|---|
| 산책하다 | to go for a walk | 예 저는 공원에서 산책해요. |
| 요리하다 | to cook | 예 저는 날마다 요리해요. |
| 식사하다 | to dine | 예 우리 가족은 지금 식사해요. |
| 일하다 | to work | 예 저는 병원에서 일해요. |
| 공부하다 | to study | 예 제 동생은 도서관에서 공부해요. |
| 숙제하다 | to do homework | 예 제 동생은 지금 열심히 숙제해요. |
| 노래하다 | to sing | 예 제 친구들은 노래방에서 노래해요. |
| 가다 | to go | 예 아침에 저는 회사에 가요. |
| 오다 | to come | 예 친구가 집에 와요. |
| 다니다 | to attend | 예 친구가 교회에 다녀요. |
| 나가다 | to go out | 예 저는 밖에 나가요. |
| 들어가다 | to go in | 예 우리는 커피숍에 들어가요. |
| 올라가다 | to go up | 예 우리는 위층에 올라가요. |
| 내려가다 | to go down | 예 우리는 지하 주차장에 내려가요. |

## 부사

| | | |
|---|---|---|
| 보통 | usually | 예 저는 보통 아침에 숙제해요. |
| 자주 | often | 예 여름에는 비가 자주 와요. |
| 가끔 | sometimes | 예 봄에도 가끔 눈이 와요. |
| 안 | not | 예 오늘 저는 학교에 안 가요. |

## 확인해 보세요

Ⅰ. 다음 그림을 보고 사람들이 무엇을 하는지 말해 보세요.

1. 
2. 
3. 
4. 

1. 재훈 씨가 ____________________.
2. 유미 씨가 ____________________.
3. 지민 씨가 ____________________.
4. 준수 씨가 ____________________.

Ⅱ. 다음 문장을 완성해 보세요.

1. 저는 날마다 공원에 가요. 공원에서 ____________________________.
2. 내일 시험이 있어요. 도서관에서 열심히 ________________________.

## 정리해 보세요

Ⅰ. 다음 ________에 들어갈 알맞은 말을 고르세요.

1. 지하에 ______________.　　① 올라가요　② 나가요　③ 내려가요

Ⅱ. 민수 씨의 달력입니다. 다음 달력을 보고 ______에 알맞은 말을 고르세요.

| 일 | 월 | 화 | 수 | 목 | 금 | 토 |
|---|---|---|---|---|---|---|
| | 1<br>한국어 공부 | 2<br>한국어 공부 | 3<br>한국어 공부 | 4<br>한국어 공부 | 5<br>한국어 공부<br>산책 | 6<br>한국어 공부 |
| 7 | 8<br>한국어 공부 | 9<br>한국어 공부 | 10<br>한국어 공부 | 11<br>한국어 공부 | 12<br>한국어 공부 | 13<br>한국어 공부 |
| 14<br>한국어 공부 | 15<br>한국어 공부 | 16<br>한국어 공부 | 17<br>한국어 공부 | 18<br>한국어 공부 | 19<br>한국어 공부<br>산책 | 20<br>한국어 공부 |

민수 씨는 날마다 (① 노래해요. ② 공부해요.) 그리고 (① 가끔 ② 자주) 공원에서 산책해요.

• 공원(park)　• 시험(test)　• 무역회사(trading company)

I. 읽고 질문에 대답해 보세요.

저는 보통 아침 7시에 일어나요. 9시에 학교에 가요. 학교에서 열심히 공부해요. 1시에 식당에 가요. 친구들과 식사해요. 3시에 도서관에 가요. 도서관에서 숙제해요. 5시에 공원에 가요. 공원에서 운동해요. 6시에 집에 와요. 집에서 요리해요. 가끔 저녁에 노래방에 가요. 노래방이 재미있어요. 보통 밤 11시에 자요.

1. 어디에서 숙제해요?

______________________________

2. 다음 중 맞는 것을 고르세요. (　　)

① 아홉 시 – 식사해요　　② 다섯 시 – 운동해요

③ 여섯 시 – 학교에 가요　　④ 열한 시 – 노래방에 가요

3. 맞으면 o, 틀리면 ×에 표시해 보세요.

1) 이 사람은 회사원이에요.　( o / × )

2) 헬스클럽에서 운동해요.　( o / × )

3) 가끔 노래방에 가요.　( o / × )

• 재미있다(to be interesting)

## Ⅱ. 여러분의 하루는 어떻습니까? 써 보세요.

1. 먼저 생각해 보세요.

| | |
|---|---|
| 날마다 어디에 가요? | |
| 몇 시에 가요? | |
| 거기에서 무엇을 해요? | |

2. 하루 일과를 써 보세요.

**보기**

저는 보통 아침 7시에 일어나요.
9시에 학교에 가요. 학교에서 열심히 공부해요.
1시에 식당에 가요. 친구들과 식사해요.

저는 보통 아침 ____________________.

점심에 ____________________에 가요.

____________ 에서 ____________________.

## Korea's Sport : Taekwondo

Taekwondo is Korea's native form of martial arts that has spread worldwide. You are allowed to use your hands and feet to attack and defend from anytime and anywhere. Taekwondo improves both your physical conditioning as well as mental concentration. As a physical activity, taekwondo helps spurt children's growth, increase elders' stamina, and enhance women's health and beauty. There has been an increase amongst foreigners to learn this sport with so many health benefits.

# 6 날짜와 요일

## Dates and Days of the Week

학습 목표

### 6-1 콘서트가 며칠이에요?

- 날짜 및 요일 관련 어휘를 배운다.
- '이에요'와 '이/가 아니에요'를 배운다.
- 날짜와 요일에 대해서 이야기할 수 있다.
- 한국의 대중문화를 이해한다.

- Learn words related to dates and days of the week.
- Learn '이에요' and '이/가 아니에요'.
- Talk about dates and days of the week.
- Understand Korean pop culture.

### 6-2 몇 시에 저녁을 먹어요?

- 일상생활에 필요한 기초 어휘(동작동사)를 배운다.
- '을/를'과 '안'을 배운다.
- 다양한 동작동사로 자유롭게 말할 수 있다.
- 한국의 텔레비전 방송에 대해 이해한다.

- Learn basic action verbs needed for everyday life.
- Learn '을/를' and '안'.
- To be able to freely use various action verbs in speech.
- Understand Korean television broadcast.

# 6-1 콘서트가 며칠이에요?

What day is the concert?

## Loading Dialogue: Discussing Dates and Days of the Week

이지민: 콘서트가 며칠이에요?

직　원: 6월 16일이에요.

이지민: 그날이 금요일이에요?

직　원: 아니요, 금요일이 아니에요. 토요일이에요.

Jimin: What day is the concert?

Worker: June 16th.

Jimin: Is that day a Friday?

Worker: No, it's not a Friday. It's a Saturday.

### 대답해 보세요

1. 콘서트 날짜가 몇 월 며칠이에요? (　　)

　① 2월 16일　　② 2월 26일

　③ 6월 16일　　④ 6월 26일

2. 그날이 무슨 요일이에요? (　　)

　① 수요일　② 목요일　③ 금요일　④ 토요일

### 어휘 New Vocabulary

콘서트 concert

며칠 what date

월 month

일 day

요일(금요일[그모일] / 토요일)

day of the week (Friday/Saturday)

## 문법
Grammar

### ① ＿＿＿＿＿이에요/예요.

- '입니다'를 친근하게 말할 때 쓴다.
- This is used in less formal conversations than '입니다'.

| 받침 ○ → 이에요 | | 받침 × 예요 | |
|---|---|---|---|
| 학생 | 학생**이에요** | 가수 | 가수**예요** |
| 며칠 | 며칠**이에요?** | 크리스마스 | 크리스마스**예요?** |

- '이에요?/예요?'는 의문문이다.
- '이에요?/예요?' is the question form.

- 가: 콘서트가 며칠**이에요?**
  나: 6월 16일**이에요.**
- 내일은 크리스마스**예요.**

### ② ＿＿＿＿＿이/가 아니에요.

- 앞말을 부정할 때 쓴다.
- '이에요'의 부정 표현이다.
- 친근하게 말할 때 주로 사용한다.
- This is used when negating the preceding part of the sentence.
- It is the negative form of '이에요'.
- This is used mostly in conversations that are less formal.

- 오늘은 금요일**이 아니에요.** 목요일이에요.
- 그 사람 생일이 모레**가 아니에요?**

## 문법 연습 Grammar Practice

**Ⅰ. '이에요/예요'를 사용하여 다음을 완성해 보세요.**

1. 오늘이 제 생일(이에요, 예요).
2. 저기가 고려사이버대학교(이에요, 예요).
3. 가: 오늘이 며칠이에요?　　나: ____________________.
4. 가: 오늘이 무슨 요일이에요?　　나: ____________________.

**Ⅱ. '이/가 아니에요'를 사용하여 다음을 완성해 보세요.**

1. 콘서트는 오늘(이 아니에요, 가 아니에요).
2. 오늘 회의 시간은 2시(이 아니에요, 가 아니에요). 3시예요.
3. 가: 생일이 오늘이에요?　　나: 아니요, ____________________.

### 정리해 보세요

**Ⅰ. 다음 밑줄 친 부분이 맞으면 ○, 틀리면 ×에 표시해 보세요.**

1. 이것이 지민 씨 책예요?　( ○ / × )
2. 김민수 씨는 가수예요.　( ○ / × )
3. 저는 미국 사람이 아니에요. 캐나다 사람입니다.　( ○ / × )

**Ⅱ. 다음 ______에 들어갈 알맞은 말을 고르세요.**

1.
가: 지금 시간이 3시예요?
나: 아니요, 지금 시간이 ______________. 4시예요.

① 3시가 아니에요.　② 3시이 아니에요.　③ 3시예요.

2.
가: 이것이 사무실 열쇠예요?
나: 아니요, 그것은 사무실 열쇠____ 아니에요.

① 이　② 가　③ 은

• 생일(birthday)　• 크리스마스(Christmas)

## 듣기 Listening

다음은 지민 씨와 콘서트 기획사 직원의 전화 대화입니다. 잘 듣고 다음 질문에 대답해 보세요.

1. 콘서트 날짜가 몇 월 며칠이에요? (　　)
   ① 10월 7일　② 10월 10일　③ 10월 11일　④ 10월 20일

2. 그날이 무슨 요일이에요? (　　)
   ① 수요일　② 목요일　③ 금요일　④ 토요일

## 말하기 Speaking

I. 배운 어휘와 문법을 사용하여 대화해 보세요.

1. 가: 오늘이 며칠이에요?
   나: ______________________________.

2. 가: 오늘이 무슨 요일이에요?
   나: ______________________________.

3. 가: 생일이 언제에요?
   나: ______________________________.

## 어휘 플러스 Vocabulary Plus

### 요일

| | | |
|---|---|---|
| 월요일 | Monday | 예 내일이 월요일이에요. |
| 화요일 | Tuesday | 예 오늘이 화요일이에요? |
| 수요일 | Wednesday | 예 수요일이 며칠이에요? |
| 목요일 | Thursday | 예 목요일이 어린이날이에요. |
| 금요일 | Friday | 예 금요일이 며칠이에요? |
| 토요일 | Saturday | 예 토요일이 제 생일이에요. |
| 일요일 | Sunday | 예 오늘은 일요일이에요. |

### 날짜

| | | |
|---|---|---|
| 오늘 | today | 예 오늘은 제 생일이에요. |
| 내일 | tomorrow | 예 내일은 금요일이에요. |
| 모레 | day after tomorrow | 예 모레는 토요일이에요. |
| 주말 | weekend | 예 이번 주말에 수영장에 가요. |
| 이번 | this | 예 이번 토요일이 제 생일이에요. |
| 다음 | next | 예 다음 월요일이 시험이에요. |
| 공휴일 | national holiday | 예 5월에는 공휴일이 많아요. |
| 주 | week | 예 이번 주는 제가 바빠요. |
| 달 | month | 예 다음 달에 공휴일이 많아요. |
| 년 | year | 예 내년에도 공휴일이 많아요. |

**확인해 보세요**

I. 다음 일정표를 보고 대답해 보세요.

| 월요일 | 화요일 | □요일 | 목요일 | 금요일 | 토요일 | 일요일 |
|---|---|---|---|---|---|---|
| | | 오늘 | 혜진 씨와 약속 | 태권도 수업 | | |

1. 오늘은 무슨 요일이에요? (　　)요일이에요.

2. 혜진 씨와 언제 만나요? (　)

① 오늘　② 내일　③ 모레　④ 주말

3. 태권도 수업은 언제 있어요? (　)

① 오늘　② 내일　③ 모레　④ 공휴일

**● 정리해 보세요 ●**

**I . 다음 ______에 들어갈 알맞은 말을 고르세요.**

1. 오늘은 수요일이에요. 내일은 ________이에요.

① 월요일　② 목요일　③ 토요일

2. 오늘은 월요일입니다. ________은/는 수요일입니다.

① 내일　② 모레　③ 주말

3.

| 5월 | | |
|---|---|---|
| 월 | 화 | 수 |
| 4 | 5 | 6 |

5월 5일은 ________이에요.
한국어 수업이 없어요.

① 며칠　② 일요일　③ 공휴일

**II . 다음 메모의 내용과 맞으면 o, 틀리면 ×에 표시해 보세요.**

| Schedule | | |
|---|---|---|
| 4/10 (오늘) | → | 한국어 수업 !! |
| 4/11 | → | 숙제 |
| 이번 주말 | → | 수영장 |
| 6/20 | → | 준수 생일 |

1. 나는 이번 주말에 수영장에 가요. ( o / × )
2. 다음 달에 준수 생일이 있어요. ( o / × )
3. 내일 시험이 있어요. ( o / × )

• 태권도(taekwondo)　• 수영장(swimming pool)

## 읽기 Reading

**Ⅰ. 다음 단어를 알아보세요.**

> 언제, 어디, 몇, 얼마

1. 가: 생일이 (　　　)이에요/예요? 　나: 5월 7일이에요.
2. 가: 지금 (　　　) 시예요? 　나: 4시 반이에요.
3. 가: 이 가방이 (　　　)이에요/예요? 　나: 10,000원이에요.
4. 가: 집이 (　　　)이에요/예요? 　나: 홍대 근처예요.

**Ⅱ. 다음을 읽어 보세요.**

1. 콘서트 날짜는 몇 월 며칠이에요?

   ______________________________

2. 콘서트는 몇 시에 해요?

   ______________________________

3. 맞으면 ○, 틀리면 ×에 표시해 보세요.
   1) 콘서트 날은 주말이에요. ( ○ / × )
   2) 콘서트는 하루에 한 번 해요. ( ○ / × )
   3) 콘서트는 서울에서 하지 않아요. ( ○ / × )

**Ⅲ. 콘서트 포스터를 만들고 이야기해 보세요.**

> 서울 콘서트!
>
> 언제 : ____월 ____일 ______요일
>
> 어디 : ______________________
>
> 몇 시: ______________________
>
> 얼마 : ______________________

Korean singers and actors are not only active in Korea, but also pursue their careers outside of Korea. Korean rapper **Psy's "Gangnam Style"** music video gained unprecedented popularity overseas. There are many fan clubs devoted to Korean celebrities. It is not just Koreans who sign up for membership, but many foreigners sign up too.

# 6-2 몇 시에 저녁을 먹어요?

What time do you usually eat dinner?

Loading · Dialogue: Describing Daily Activity

조영선: 유미 씨는 보통 몇 시에 저녁을 먹어요?

김유미: 7시쯤 저녁을 먹어요.

조영선: 저녁 식사 후에 드라마를 봐요?

김유미: 드라마는 안 봐요. 보통 뉴스를 봐요.

Youngsun: What time do you usually eat dinner, Yumi?

Yumi: I usually eat dinner around 7.

Youngsun: Do you watch TV dramas after dinner?

Yumi: I don't watch dramas. I usually watch the news.

## 대답해 보세요

1. 유미 씨는 보통 몇 시에 저녁을 먹어요? (　　)

① 5시 반　② 6시　③ 6시 반　④ 7시

2. 유미 씨는 저녁 식사 후에 뭐 해요? (　　)

① 드라마를 봐요.　② 이야기를 해요.

③ 뉴스를 봐요.　④ 컴퓨터를 해요.

### 어휘 New Vocabulary

저녁을 먹다 [저녀글 먹따] to have dinner
드라마를 보다 to watch dramas
뉴스를 보다 to watch the news
식사 meal
후 after

# 문법
Grammar

Loading

## ① ____________을/를 ____________

- 앞말이 동작의 대상임을 나타낸다.
- The preceding word is the object of the verb.

| 받침 ○ → 을 | | 받침 × → 를 | |
|---|---|---|---|
| 저녁 | 저녁을 | 우유 | 우유를 |
| 책 | 책을 | 뉴스 | 뉴스를 |

- 7시쯤 저녁을 먹어요.
- 보통 뉴스를 봐요.

## ② 안 ____________.

- 동사 바로 앞에 붙여, 부정할 때 사용한다.
- 비격식적으로 말할 때 주로 쓴다.
- 동작동사인 '공부하다'는 '공부 안 하다'로 쓴다.
  안 공부하다(×), 공부 안 하다(○)
- '있어요'는 '없어요', '알아요'는 '몰라요'로 부정할 때 쓴다.

- This is used directly in front of verbs and creates the negative form.
- This is used in less formal situations.
- When negating the action verb '공부하다', '공부 안 하다' is correct.
  안 공부하다(×), 공부 안 하다(○)

- 드라마는 **안** 봐요.
- 저녁은 **안** 먹어요.
- 저는 운동 **안** 해요.
- 주말에는 공부 **안** 해요.

## 문법 연습 Grammar Practice

**I.** 알맞은 것에 ○ 하세요.

1. 저는 여덟 시에 아침(을/를) 먹어요.
2. 지금 방에서 책(을/를) 읽어요.
3. 커피숍에서 커피(을/를) 마셔요.

**II.** '안'을 사용하여 〈보기〉와 같이 바꿔 보세요.

보기 아침을 먹어요. → 아침을 안 먹어요.

1. 토요일에 회사에 가요. → ______________________.
2. 아침에 빵을 먹어요. → ______________________.
3. 저는 내일 바빠요. → ______________________.
4. 동생이 도서관에서 공부해요. → ______________________.
5. 날마다 운동해요. → ______________________.

### 정리해 보세요

**I.** 다음 중 ______에 들어갈 알맞은 말을 고르세요.

1. 저는 커피숍에서 친구______ 만나요.

① 가 ② 를 ③ 에

2. 가: 교실에 가요?
나: 아니요, 교실에 ______________. 도서관에 가요.

① 안 가요 ② 가요 ③ 갑니다

**II.** 다음 밑줄 친 부분이 맞으면 ○, 틀리면 X에 표시해 보세요.

1. 민수는 미국 사람을 안 알아요. ( ○ / × )
2. 저는 식당에서 밥를 먹어요. ( ○ / × )
3. 저는 커피를 안 마셔요. 차는 마셔요. ( ○ / × )

• 바쁘다(busy) • 마시다(to drink)

## 듣기 Listening

다음은 조영선 씨와 김유미 씨의 대화입니다. 듣고 다음 질문에 답해 보세요.

1. 조영선 씨는 보통 몇 시에 저녁을 먹어요? ( )
   ① 6시　② 6시 반　③ 7시　④ 8시

2. 조영선 씨는 저녁 식사 후에 뭐 해요? ( )
   ① TV를 봐요.　② 이야기를 해요.
   ③ 책을 읽어요.　④ 컴퓨터를 해요

## 말하기 Speaking

I. 배운 어휘와 문법을 사용하여 대화해 보세요.

1. 가: 아침에 보통 무엇을 먹어요?
   나: ______________________.

2. 가: 이번 주말에 뭐 해요?
   나: ______________________.

3. 가: 김치를 먹어요?
   나: 아니요, ______________________.

## 어휘 플러스 Vocabulary Plus

### 동사 2

| | | |
|---|---|---|
| 만나다 | to meet | 예 저는 저녁에 친구를 만나요. |
| 읽다 | to read | 예 저는 책을 읽어요. |
| 쓰다 | to write | 예 저는 편지를 써요. |
| 만들다 | to make | 예 저는 김밥을 만들어요. |
| 배우다 | to learn | 예 저는 한국어를 배워요. |
| 가르치다 | to teach | 예 제가 요리를 가르쳐요. |
| 받다 | to receive | 예 어린이날에 아이들이 선물을 받아요. |
| 주다 | to give | 예 생일에 친구들이 선물을 줘요. |
| 입다 | to wear | 예 저는 겨울에도 여름옷을 잘 입어요. |
| 신다 | to wear shoes/socks | 예 저는 운동화를 잘 신어요. |
| 보내다 | to send | 예 동생이 지금 문자 메시지를 보내요. |
| 씻다 | to wash | 예 저는 지금 손을 씻어요. |
| 닦다 | to wipe, to brush | 예 동생은 이를 닦아요. |
| 세수하다 | to wash face | 예 저는 하루에 세 번 세수해요. |
| 샤워하다 | to take a shower | 예 저는 운동 후에 샤워해요. |
| 청소하다 | to clean | 예 지민이는 청소를 잘 안 해요. |
| 빨래하다 | to do laundry | 예 저는 보통 일요일에 빨래해요. |

**확인해 보세요**

I. 다음 그림을 보고 사람들이 무엇을 하는지 말해 보세요.

보기 학생들이 한국말을 배워요.

1. 미키 씨가 책을 ____________________.
2. 팅팅 씨가 문자 메시지를 ____________________.
3. 톰 씨가 책에 이름을 ____________________.
4. 낸시 씨가 지우개를 ____________________.

• 문자 메시지(text message)

## Ⅱ. 다음 문장을 완성해 보세요.

1. 오늘은 날씨가 추워요. 그래서 코트를 ________________.
2. 저는 날마다 일기를 ____________________________.
3. 손을 자주 ________________________________.
4. 비가 많이 와요. 그래서 부츠를 ________________.

### ● 정리해 보세요 ●

## Ⅰ. 다음 ______에 들어갈 말을 고르세요.

1. 한국어 선생님이 한국어를 __________

① 배워요. ② 가르쳐요. ③ 줘요.

2. 옷이 더럽습니다. 그래서 옷을 __________

① 샤워해요. ② 세수해요. ③ 빨래해요.

3. 도서관에 가요. 책을 __________

① 만나요. ② 읽어요. ③ 씻어요.

4. 우체국에 가요. 편지를 __________

① 보내요. ② 만들어요. ③ 닦아요.

• 코트(coat) • 부츠(boots) • 일기(diary)

## 읽고 쓰기 Reading and Writing

I. 읽고 질문에 대답해 보세요.

저는 회사원이에요. 날마다 9시에 회사에 가요. 점심시간은 12시예요. 보통 회사 근처 식당에서 점심을 먹어요. 그 식당 음식이 맛있어요. 그리고 안 비싸요. 6시에 일이 끝나요. 저녁에 친구를 만나요. 친구와 영화를 봐요. 커피도 마셔요. 밤에 집에서 텔레비전을 봐요. 저는 뉴스를 아주 좋아해요.

1. 이 사람은 어디에서 점심을 먹어요?

________________________________________.

2. 이 사람은 밤에 무엇을 해요? (      )

① 운동을 해요　　② 뉴스를 봐요

③ 친구를 만나요　　④ 영화를 봐요

3. 맞으면 o, 틀리면 ×에 표시해 보세요.

1) 식당은 음식 값이 비싸요. ( o / × )

2) 이 사람은 친구와 커피를 마셔요. ( o / × )

3) 이 사람은 드라마를 좋아해요. ( o / × )

## Ⅱ. 여러분은 하루 일과는 어떻습니까? 써 보세요.

1. 먼저 생각해 보세요.

| | |
|---|---|
| 오전에 무엇을 해요? | |
| 오후에 무엇을 해요? | |
| 저녁에 무엇을 해요? | |

2. 언제 무엇을 하는지 써 보세요.

저는 ______________________________

______________________________

오전에 ______________________________

______________________________

오후에 ______________________________

______________________________

저녁에 ______________________________

______________________________

In Korea, there are large public television broadcast companies such as KBS, MBC, and SBS, as well as smaller cable broadcasting networks. Korean broadcasting companies produce many television drama series. Some drama series have helped increase the popularity of Korean dramas abroad and have gone on to become "Hallyu dramas."

# 7 날씨와 음식

## Weather and Food

학습 목표

### 7-1 고향이 어디예요?

- 상태동사와 날씨 표현 동사를 배운다.
- '–고' 와 'ㅂ불규칙 동사'를 배운다.
- 다양한 상태동사를 사용해서 날씨를 말할 수 있다.
- 한국의 날씨를 이해한다.

- Learn descriptive verbs and weather expression verbs.
- Learn '–고' and 'ㅂ irregular verbs'.
- Talk about the weather using a variety of descriptive verbs.
- Understand Korean weather.

### 7-2 조금 맵지만 건강에 좋아요.

- 여러 가지 맛과 음식 관련 어휘를 배운다.
- '–지만'과 과거 시제 '–었어요'를 배운다.
- 다양한 어휘를 사용해서 음식의 맛을 표현할 수 있다.
- 한국의 대표 음식을 이해한다.

- Learn about words related to food and taste.
- Learn '–지만' and the past tense verb ending '–었어요'.
- Talk about food and tastes using a variety of vocabulary.
- Understand Korean popular food.

# 7-1 고향이 어디예요?

Where is your hometown?

Loading Dialogue: Describing Hometowns

**김과장:** 이 부장님은 고향이 어디예요?

**이재훈:** 대전이에요. 교통도 편리하고 살기가 좋아요.

**김과장:** 요즘 대전 날씨는 어때요?

**이재훈:** 서울 날씨와 비슷해요. 아주 더워요.

**Mr. Kim:** Mr. Lee, where is your hometown?

**Jaehoon:** My hometown is Daejeon. The public transportation is convenient and it is a nice city to live in.

**Mr. Kim:** How is the weather in Daejeon these days?

**Jaehoon:** The weather is similar to Seoul. It is very hot.

## 대답해 보세요

1. 이 부장님의 고향은 어디예요? (　　)
   ① 서울　② 부산　③ 제주도　④ 대전

2. 이 부장님의 고향 날씨는 요즘 어때요? (　　)
   ① 추워요.　② 더워요.
   ③ 따뜻해요.　④ 시원해요.

## 어휘 New Vocabulary

고향 hometown
교통이 편리하다 [펼리하다] transportation is convenient
살기가 좋다 [조타] to be a nice place to live
날씨 weather
비슷하다 [비스타다] to be similar

# 문법 Grammar

Loading

## 1 ________________고________________.

- 두 가지 이상의 상태나 사실을 연결해서 말할 때 사용한다.
- 상태동사 뒤에 쓴다.
  - 교통도 **편리하고** 살기가 좋아요.
  - 재훈 씨는 **친절하고** 재미있어요.
  - 준수 씨는 키가 **크고** 멋있어요.

- '-고' is used when connecting two situations or facts in a sentence.
- It is used behind a descriptive verb.

## 2 ㅂ불규칙 동사

- ㅂ으로 끝나는 상태동사 중 'ㅂ'이 '우'로 바뀌는 동사.

- In some descriptive verbs that end in 'ㅂ', the 'ㅂ' changes to '우'.

예
- 덥다 + -어요 → **더워요** (O)
  → 덥어요 (X)
- 춥다 + -어요 → **추워요** (O)
  → 춥어요 (X)

| ㅂ 동사 | -어요 |
|---|---|
| 덥다 | 더워요 |
| 맵다 | 매워요 |
| 쉽다 | 쉬워요 |
| 싱겁다 | 싱거워요 |
| 어렵다 | 어려워요 |
| 춥다 | 추워요 |
| 고맙다 | 고마워요 |
| * **돕다** | **도와요** |
| * **곱다** | **고와요** |

- 아주 **더워요**.
- 김치찌개가 아주 **매워요**.
- 한국어가 너무 **어려워요**.
- 정말 **고마워요**.
- 친구를 **도와요**.

- ㅂ으로 끝나는 규칙 동사도 있다.
  - 우리는 한복을 입어요. (입다 → 입어요)
  - 방이 너무 좁아요. (좁다 → 좁아요)
  - 리에 씨가 제 손을 잡아요. (잡다 → 잡아요)

- There are also regular verbs that end in 'ㅂ' that does not change.

## 문법 연습 Grammar Practice

**I. '-고'를 사용하여 문장을 만들어 보세요.**

1. 조용하다 / 아름답습니다. → ____________________.
2. 교통이 편리하다 / 깨끗합니다. → ____________________.
3. 복잡하지 않다 / 살기가 좋습니다. → ____________________.

**II. '-어요/아요'를 사용하여 대화를 완성해 보세요.**

1. 가: 마이클 씨 고향 날씨는 어때요?
   나: ____________________. (덥다)
2. 가: 김치 맛이 어때요?
   나: 아주 ____________________. (맵다)
3. 가: 한국은 겨울 날씨가 어때요?
   나: 눈이 많이 오고 ____________________. (춥다)

### 정리해 보세요

**I. 다음 중 밑줄 친 부분이 맞으면 ○, 틀리면 ×에 표시해 보세요.**

1. 시험이 너무 <u>어려워요</u>. (어렵다) ( ○ / × )
2. 제 방은 <u>조워요</u>. (좁다) ( ○ / × )
3. 저는 친구를 잘 <u>도워요</u>. (돕다) ( ○ / × )
4. 지금 날씨는 <u>춥고</u> 비가 와요. ( ○ / × )
5. 여름에는 날씨가 아주 <u>더워요</u>. (덥다) ( ○ / × )

• 어렵다(to be difficult) • 돕다(to help)

## 듣기 Listening

다음은 김과장님과 이재훈 씨의 대화입니다. 잘 듣고 다음 질문에 대답해 보세요.

1. 김과장님 고향은 어디입니까? (　　)
   ① 대전　　② 전주　　③ 경주　　④ 부산
2. 들은 이야기와 같으면 ○, 다르면 × 에 표시해 보세요.
   1) 교통이 아주 복잡합니다.　( ○ / × )
   2) 전주의 날씨는 대구와 비슷합니다.　( ○ / × )

## 말하기 Speaking

I. 〈보기〉와 같이 여러분의 고향을 소개해 보세요.

보기
제 고향은 인도네시아 발리예요. 발리는 살기가 좋고 아주 아름다워요. 외국 사람들이 여행을 많이 와요. 요즘 발리는 덥고 비가 자주 와요.

제 고향은 ______________. ________ 은/는 ______________.
________ 에는 ______________.
________ 은/는 ______________.

## 어휘 플러스 Vocabulary Plus

### 형용사 3

| | | |
|---|---|---|
| 시원하다 | to be refreshing | 예 맥주가 시원해요. |
| 같다 | to be the same, identical | 예 두 사람의 이름이 같아요. |
| 다르다 | to be different | 예 그 식당은 점심 메뉴와 저녁 메뉴가 달라요. |
| 불편하다 | to be uncomfortable | 예 이 신발은 너무 불편해요. |
| 편하다 | to be comfortable | 예 이 옷은 정말 편해요. |
| 맑다 | to be clear, clean | 예 바닷물이 맑아요. |
| 넓다 | to be wide | 예 운동장이 아주 넓어요. |
| 좁다 | to be narrow | 예 제 방은 좁아요. |
| 높다 | to be high | 예 책상이 너무 높아요. |
| 낮다 | to be low | 예 의자가 너무 낮아요. |

### 자연

| | | |
|---|---|---|
| 도시 | city | 예 제 고향은 도시예요. |
| 시골 | countryside | 예 제 고향은 시골이에요. |
| 산 | mountain | 예 제 고향에는 산이 정말 많아요. |
| 바다 | sea | 예 바다에 자주 가요. |
| 호수 | lake | 예 집 근처에 호수가 있어요. |
| 강 | river | 예 서울에는 한강이 있어요. |
| 폭포 | waterfall | 예 폭포가 아주 커요. |

**확인해 보세요**

I. 반대말을 찾아서 서로 연결해 보세요.

| | |
|---|---|
| 1. 높다 • | • 가) 편하다 |
| 2. 같다 • | • 나) 낮다 |
| 3. 불편하다 • | • 다) 다르다 |
| 4. 좁다 • | • 라) 넓다 |

## Ⅱ. 다음 〈보기〉에서 알맞은 말을 찾아서 써 보세요.

| 보기 | 시골 | 도시 | 산 | 바다 | 강 | 폭포 |
|---|---|---|---|---|---|---|

1. 복잡하고 시끄럽습니다. ____________________
2. 조용하고 아름답습니다. ____________________
3. 물이 위에서 아래로 떨어집니다. ____________________
4. 돌과 나무가 많습니다. ____________________

## 정리해 보세요

## Ⅰ. 다음 _______에 들어갈 알맞은 말을 고르세요.

1. 

저는 주말에 _______에 가요.

① 강　　② 폭포　　③ 바다

2. 

가: 여기는 어디예요?

나: 여기는 _______________이에요.

① 호수　　② 도시　　③ 산

## Ⅱ. 다음 _______에 들어갈 알맞은 말을 고르세요.

1. 가: 준수 씨 방은 넓어요?

나: 아니요, 제 방은 좀 ___________

① 달라요.　　② 맑아요.　　③ 좁아요.

2. 의자가 높지 않고 _______________

① 낮아요.　　② 같아요.　　③ 시원해요.

• 떨어지다(to drop)

# 읽기 Reading

## Ⅰ. 다음 단어를 알아보세요.

경치, 아름답다, 수영하다, 사랑하다

1. 제주도 (          )이/가 아름다워요.
2. 저는 제 부모님을 아주 (          )어요/아요.
3. 여름에 친구와 같이 바다에서 (          )어요/아요.

## Ⅱ. 다음을 읽어 보세요.

- 제 고향을 소개합니다 -
여기는 제 고향이에요.
제 고향은 시골이에요. 산과 나무가 많아요.
경치가 아름답고 공기가 깨끗해요.
근처에 바다가 있어요. 여기에서 자주 수영을 해요.
제 고향은 날씨가 아주 더워요. 저는 제 고향을 사랑해요.

1. 무슨 이야기입니까? (      )
   ① 날씨
   ② 고향
   ③ 음식
   ④ 교통
2. 고향 경치가 어떻습니까?

   ______________________________

   ______________________________.

3. 맞으면 ○, 틀리면 ×에 표시해 보세요.
   1) 제 고향은 도시예요. ( ○ / × )
   2) 날씨가 아주 추워요. ( ○ / × )
   3) 가끔 바다에서 수영을 해요. ( ○ / × )

## Ⅲ. 짝과 함께 묻고 대답해 보세요.

| | |
|---|---|
| 고향이 어디예요? | |
| 고향에 무엇이 많아요? | |
| 고향 날씨가 어때요? | |
| 고향 사람들이 어때요? | |

• 교통(traffic) • 경치(scenery) • 수영하다(to swim) • 공기(air)

# Korean Culture



Korea has 4 distinct seasons : spring, summer, fall, and winter. Spring and fall are pleasant because they consist of mostly clear and sunny days, but the summers are very humid and hot because of the monsoon season. The winters are very cold and dry, and there can be a fair amount of snowfall.

# 7-2 조금 맵지만 건강에 좋아요.

It is a little spicy, but it's good for your health.

Dialogue: Describing Tastes of Food

이재훈: 김과장님, 전주는 무슨 음식이 유명해요?

김과장: 비빔밥이요. 조금 맵지만 건강에 아주 좋아요.

이재훈: 자주 드세요?

김과장: 그럼요. 어제도 먹었어요.

Jaehoon: Mr. Kim, what food is Jeonju famous for?

Mr. Kim: Bibimbap. It is a little spicy, but it's good for your health.

Jaehoon: Do you eat it often?

Mr. Kim: Yes, I had it even yesterday.

**어휘** New Vocabulary

중국 사람 Chinese (person)
무슨 what kind of
음식 food
유명하다 to be famous
냉면 naengmyeon/cold noodles
불고기 bulgogi
비빔밥 bibimbap
맵다 [맵따] to be spicy
건강에 좋다 [건강에 조타] to be good for health
드시다 to eat (formal)

**대답해 보세요**

1. 전주는 무슨 음식이 유명해요? (  )
   ① 냉면 ② 불고기 ③ 김치 ④ 비빔밥
2. 김 과장님의 고향 음식 맛은 어때요? (  )
   ① 조금 짜요. ② 아주 매워요.
   ③ 아주 짜요. ④ 조금 매워요.

# 문법 Grammar

## ① ________지만________.

- (동사의 뒤에 붙어) 서로 반대되는 두 문장을 연결하여 말할 때 사용된다.
  - 조금 **맵지만** 건강에 좋아요.
  - 한국어 공부가 **재미있지만** 너무 어려워요.
  - 준수 씨는 키가 **크지만** 혜진 씨는 키가 작아요.

- (Attached to the end of a verb) This connects two thoughts that contradict each other.

## ② ________었어요/았어요.

- (동사의 뒤에 붙어) 과거의 일이나 행동, 상태를 말할 때 사용된다.
- 동사 어간에 따라 달리 사용한다.

- (Attached to the end of a verb) This is used when speaking of a state or action that occurred in the past.
- The usage of this pattern depends on the verb stem.

| ㅏ, ㅗ → -았어요 | | ㅓ, ㅜ, ㅐ .... → -었어요 | | 하다 → -했어요 | |
|---|---|---|---|---|---|
| 작다 | 작았어요 | 울다 | 울었어요 | 착하다 | 착했어요 |
| 놀다 | 놀았어요 | 먹다 | 먹었어요 | 공부하다 | 공부했어요 |

- 일부 동사는 줄여서 쓴다.
- '하다' 동사는 '했어요'로 쓴다.

- Some verbs are contracted when used with this pattern.
- '하다' verbs are changed to '했어요'.

예
- 오다 → 왔어요(*오았어요)
- 가다 → 갔어요(*가았어요)
- 보다 → 봤어요(보았어요)

- 어제도 사과를 먹었어요.
- 준수는 의자에 앉았어요.
- 어제는 비가 아주 많이 왔어요.
- 이야기를 많이 했어요.

## 문법 연습 Grammar Practice

**I. '–지만'을 사용해서 문장을 만들어 보세요.**

1. 이 불고기가 조금 짜요. / 맛있어요. ➔ ______________________
2. 김치가 맛있어요. / 조금 매워요. ➔ ______________________
3. 삼계탕이 건강에 좋아요. / 자주 먹지는 않아요. ➔ ______________________

**II. '–었어요/았어요'를 사용하여 대화를 완성해 보세요.**

1. 가: 점심에 무엇을 먹었어요?
   나: ______________________.
   (비빔밥을 먹다)
2. 가: 주말에 무엇을 했어요?
   나: ______________________.
   (백화점에서 쇼핑하다)
3. 가: 어제 도서관에 갔어요?
   나: 아니요. ______________________.
   (영화를 보다)

### 정리해 보세요

**I. ________에 들어갈 알맞은 말을 고르세요.**

1. 한국어 공부는 ________ 재미있습니다.

   ① 어렵고 ② 어렵지만

2. 가: 어제 무엇을 했어요?
   나: 친구를 ____________. 재미있었어요.

   ① 안 만나요 ② 만납니다 ③ 만났어요

**II. 다음 밑줄 친 부분이 맞으면 o, 틀리면 ×에 표시해 보세요.**

1. 저는 어제 교실에 오았어요. ( o / × )
2. 지난 주말에 노래방에서 노래를 했어요. ( o / × )
3. 진수는 키가 조금 작었어요. ( o / × )

## 듣기 Listening

다음은 이재훈 씨와 회사 손님의 대화입니다. 잘 듣고 다음 질문에 대답해 보세요.

1. 한국은 무슨 음식이 유명합니까? (  )
   ① 치즈  ② 라면  ③ 김치  ④ 비빔밥

2. 들은 이야기와 같으면 ○, 다르면 ×에 표시해 보세요.
   1) 이재훈은 김치를 날마다 먹습니다. ( ○ / × )
   2) 김치는 아주 많이 맵습니다. ( ○ / × )

## 말하기 Speaking

I. 〈보기〉와 같이 여러분 고향의 음식을 소개해 보세요.

> 보기
>
> 제 고향은 춘천이에요. 제 고향 춘천은 닭갈비가 아주 유명해요. 닭갈비는 달지 않고 조금 매워요. 저는 어제도 친구와 닭갈비를 먹었어요. 맵지만 아주 맛있었어요.

제 고향은 ______________. 제 고향 ________ 에는 ______________________.
__________ 은/는 ______________________. __________ 맛은 ______________________.

• 삼계탕(Samgyetang) • 라면(ramen) • 춘천(Chuncheon) • 닭갈비(Dakgalbi/spicy grilled chicken)

## 어휘 플러스 Vocabulary Plus

### 맛(형용사)

| | | |
|---|---|---|
| 맵다 | to be spicy | 예 떡볶이가 아주 매워요. |
| 짜다 | to be salty | 예 김치찌개가 아주 짜요. |
| 달다 | to be sweet | 예 설탕이 아주 달아요. |
| 시다 | to be sour | 예 레몬과 식초는 아주 십니다. |
| 싱겁다 | to be bland | 예 국이 아주 싱거워요. |
| 쓰다 | to be bitter | 예 커피가 아주 써요. |
| 맛이 어때요? | How does it taste? | 예 불고기 맛이 어때요? |

### 식당

| | | |
|---|---|---|
| 한식집 | Korean restaurant | 예 한식집에서 점심을 먹었어요. |
| 일식집 | Japanese restaurant | 예 일식집에서 저녁을 먹었어요. |
| 중국집 | Chinese restaurant | 예 어제 중국집에 갔어요. |
| 분식집 | snack bar | 예 지난주에 분식집에 갔어요. |

**확인해 보세요**

I. 서로 관계있는 것끼리 연결해 보세요.

1. 커피, 약, 인삼 • • 가) 짜다
2. 식초, 레몬 • • 나) 시다
3. 소금, 간장 • • 다) 쓰다
4. 설탕, 사탕, 꿀 • • 라) 달다

• 인삼(ginseng) • 식초(vinegar) • 소금(salt) • 간장(soy sauce) • 설탕(sugar) • 사탕(candy) • 꿀(honey)

Ⅱ. 다음 〈보기〉에서 알맞은 말을 찾아서 쓰세요.

보기 한식집 일식집 분식집 중국집

1. 라면, 김밥, 떡볶이 ______________________
2. 불고기, 비빔밥, 삼계탕 ______________________
3. 탕수육, 짜장면, 짬뽕 ______________________
4. 초밥, 회, 우동 ______________________

## ● 정리해 보세요 ●

Ⅰ. 다음 ______에 들어갈 알맞은 말을 고르세요.

1. 

가: 이것은 무슨 음식이에요?
나: 이것은 ________이에요/예요.

① 된장찌개 ② 불고기 ③ 삼계탕

2. 

가: 이것은 무슨 음식이에요?
나: 이것은 ________이에요/예요.

① 미역국 ② 김밥 ③ 떡볶이

3. ______에서 된장찌개와 닭갈비를 먹어요.

① 한식집 ② 일식집 ③ 중국집

Ⅱ. 다음 말이 밑줄 친 말이 맞으면 ○, 이상하면 ×에 표시하세요.

1. 사탕이 달고 맛있어요. ( ○ / × )
2. 레몬 맛이 싱거워요. ( ○ / × )
3. 커피와 약은 맛이 아주 써요. ( ○ / × )

• 김밥(gimbap) • 탕수육(sweet and sour pork) • 된장찌개(doenjang stew=beanpaste stew) • 미역국(sea mustard soup)
• 떡볶이(tteokbokki)

## 읽고 쓰기 Reading and Writing

**I.** 읽고 질문에 대답해 보세요.

4월 7일　화요일　날씨 :

오늘은 아빠 생신이에요. 그래서 저녁에 아빠 회사 사람들이 집에 왔어요. 엄마는 불고기와 잡채를 만들었어요. 여러 가지 반찬도 만들었어요. 나는 엄마를 도와 주었어요. 불고기와 잡채는 조금 달았지만 맛있었어요. 손님들은 음식을 맛있게 먹었어요. 식사 후에 우리 가족과 손님들은 같이 생일 축하 노래를 했어요. 그리고 케이크를 먹었어요. 아빠가 아주 기뻐하셨어요.

1. 무슨 글입니까? (　　)
   ① 카드　② 이메일　③ 소설　④ 일기

2. 잡채는 어땠습니까?

   ______________________________

3. 맞으면 O, 틀리면 ×에 표시해 보세요.
   1) 회사 사람들이 우리 집에 왔어요. ( O / × )
   2) 불고기와 된장찌개를 먹었어요. ( O / × )
   3) 식사 후에 공원에서 산책했어요. ( O / × )

• 초대하다(to invite)　• 잡채(Japchae)　• 피곤하다(to be tired)　• 소설(novel)　• 일기(diary)

Ⅱ. 여러분은 어제 무엇을 했습니까? 써 보세요.

1. 먼저 생각해 보세요.

| | |
|---|---|
| 어디에 갔어요? | |
| 누구를 만났어요? | |
| 무엇을 했어요? | |
| 기분이 어땠어요? | |

2. 일기를 써 보세요.

___월 ___일 ___요일 날씨: ______

오늘은 ________에 일어났어요.

아침에 ____________________________________

____________________________________

____________________________________

____________________________________

____________________________________

____________________________________

## Popular Korean Food

Out of Korean food, foreigners tend to enjoy 'bibimbap,' 'bulgogi,' and 'kimchi.' 'Bibimbap' is rice mixed with an assortment of vegetables, a food that is both tasty and nutritious. 'Bulgogi' is a soy sauce seasoned beef that is grilled and is a classic favorite. 'Kimchi' is Korea's most popular side dish and is made with cabbage, raddish, chili powder, and salted fish.

# 8 주말

## Weekend

학습 목표

### 8-1 내일 시간 있어요?

- 주말 활동 관련 어휘 배운다.
- '-고' 와 '-고 싶다'를 배운다.
- 시간의 순차와 자신의 희망을 말할 수 있다.
- 한국의 영화를 이해한다.

- Learn words related to weekend activites.
- Learn '-고' and '-고 싶다'.
- To be able to talk about order of time and one's hopes.
- Understand Korean movies.

### 8-2 도서관에 가서 공부할 거예요.

- 휴일과 계획 관련 어휘 배운다.
- '-어서' 와 '-(으)ㄹ 거예요'를 배운다.
- 미래의 계획을 말할 수 있다.
- 한국의 도서관에 대해 이해한다.

- Learn words related to vacation plans.
- Learn '-어서' and '-(으)ㄹ 거예요.
- To be able to talk about future plans.
- Understand Korean libraries.

# 8-1 내일 시간 있어요?

Do you have time tomorrow?

Loading Dialogue: Wishing expressions

**이준수:** 내일 시간 있어요? 같이 영화를 보고 싶어요.

**박혜진:** 미안해요. 수업이 끝나고 약속이 있어요.

**이준수:** 아, 그럼 주말은 어때요?

**박혜진:** 네, 좋아요.

**Junsu:** Do you have time tomorrow? I would like to watch a movie.

**Hyejin:** I'm sorry. I have an appointment after class tomorrow.

**Junsu:** Ah, then how about the weekend?

**Hyejin:** Sure, that sounds good.

### 대답해 보세요

1. 준수 씨는 혜진 씨와 무엇을 하고 싶어 해요? (　　)

① 여행　　② 영화

③ 공부　　④ 등산

2. 혜진 씨는 언제 시간이 있어요? (　　)

① 내일　　② 주말

③ 금요일　　④ 월요일

### 어휘 New Vocabulary

시간 time
영화 movie
약속 [약쏙] promise, appointment
주말 weekend

# 문법
Grammar

Loading

## 1 ____________고 ______________.

- (동작동사의 뒤에 붙어) 시간적인 순차에 따른 행동을 말할 때 사용한다.
- 과거를 나타내는 '–었–'과는 쓰이지 않는다.
  저녁을 먹었고 커피를 마셨어요(×)
  저녁을 먹고 커피를 마셨어요(o)

- (Attached to the end of a verb) This is used when stating events that happened in order.
- The past marker '–었–' is not used.

• 수업이 **끝나고** 약속이 있어요.
• 저녁을 **먹고** 커피를 마셨어요.
• 영화를 **보고** 쇼핑을 했어요.

## 2 ____________고 싶어요.

- (동작동사의 뒤에 붙어) 말하는 사람이 원하는 것을 말할 때 사용한다.
- 주어에 2인칭이나 3인칭이 올 때는 '–고 싶어 하다'를 쓴다.

- (Attached to the end of a verb) This is used to state what the speaker wants.
- When the subject is the second or third person, '–고 싶어 하다' is used.

• 영화를 **보고 싶어요**.
• 저는 대학교에 **가고 싶어요**.
• 프랑스에서 **공부하고 싶었어요**.
• 제 동생은 한국어를 **배우고 싶어 해요**.

## 문법 연습 Grammar Practice

**I. '-고'를 사용하여 문장을 만들어 보세요.**

1. 영화를 봤어요. / 커피를 마셨어요. ➔ ______________________.
2. 밥을 먹었어요. / 산책을 했어요. ➔ ______________________.
3. 청소를 했어요. / 집에서 쉬었어요 ➔ ______________________.

**II. '-고 싶어요'를 사용하여 대화를 완성해 보세요.**

1. 가: 영화를 보고 무엇을 하고 싶어요?
   나: ______________고 싶어요.
   (차를 마시다)
2. 가: 쇼핑을 하고 무엇을 하고 싶어요?
   나: ______________고 싶어요.
   (저녁을 먹다)
3. 가: 대학교를 졸업하고 무엇을 하고 싶어요?
   나: ______________고 싶어요.
   (무역 회사에서 일하다)

### 정리해 보세요

**I. 다음 밑줄 친 부분이 맞으면 ○, 틀리면 ×에 표시해 보세요.**

1. 저는 어제 책을 읽었고 숙제를 했어요. ( ○ / × )
2. 저는 커피를 마시고 싶어요. ( ○ / × )
3. 민수는 그 영화를 보고 싶어요. ( ○ / × )

**II. 다음 ______에 알맞은 말을 고르세요.**

1. 저는 지난 주말에 친구를 ________ 집에 갔어요.

   ① 만나고 ② 만났고

2. 가: 준수 씨는 수업이 끝나고 무엇을 하고 싶어요?
   나: 저는 집에서 ______________.

   ① 쉬었어요 ② 쉽니다 ③ 쉬고 싶어요

• 졸업하다(to graduate)

## 듣기 Listening

다음은 준수 씨와 혜진 씨의 대화입니다. 잘 듣고 다음 질문에 대답해 보세요.

1. 준수 씨는 내일 혜진 씨와 무엇을 하고 싶어 합니까?
   ① 쇼핑 ② 여행 ③ 공부 ④ 수영

2. 들은 이야기와 같으면 O, 다르면 ×에 표시해 보세요.
   1) 혜진 씨는 내일 시간이 없습니다. ( O / × )
   2) 혜진 씨는 수업이 끝나고 도서관에 갑니다. ( O / × )

## 말하기 Speaking

I. 〈보기〉와 같이 주말에 하고 싶은 것을 이야기해 보세요.

보기

이준수: 혜진 씨, 오늘 뭘 하고 싶어요?
박혜진: 저는 영화를 보고 산책을 하고 싶어요.
이준수: 좋아요. 그럼 무슨 영화를 보고 싶어요?
박혜진: 액션 영화를 보고 싶어요.

가: ____________________?
나: ____________________.
가: ____________________?
나: ____________________.

• 액션 영화(action film)

## 어휘 플러스 Vocabulary Plus

### 여가 활동

| | | |
|---|---|---|
| 영화를 보다 | to watch a movie | 예 친구와 영화를 봅니다. |
| 집에서 쉬다 | to rest at home | 예 일요일에는 보통 집에서 쉽니다. |
| 쇼핑을 하다 | to go shopping | 예 주말에 쇼핑을 할까요? |
| 책을 읽다 | to read a book | 예 도서관에서 책을 읽어요. |
| 운동을 하다 | to exercise | 예 날마다 운동을 해요. |
| 등산을 가다 | to go hiking | 예 등산을 가고 싶어요. |
| 여행을 가다 | to go travel | 예 여행을 가고 싶어요. |
| 음악을 듣다 | to listen to music | 예 음악을 듣고 싶어요. |

### 데이트

| | | |
|---|---|---|
| 친구를 사귀다 | to make friends | 예 저도 한국 친구를 사귀고 싶어요. |
| 소개팅을 하다 | to go on a blind date | 예 내일 저녁에 소개팅을 해요. |
| 데이트가 있다 | to have a date | 예 이번 주말에는 데이트가 있어요. |
| 데이트를 하다 | to go on a date | 예 제임스 씨와 데이트를 했어요. |
| 드라이브를 하다 | to go for a drive | 예 드라이브를 하고 싶어요. |

**확인해 보세요**

I. 서로 관계 있는 것끼리 연결해 보세요.

1

2

3

4

가) 책을 읽다　　나) 등산을 가다　　다) 집에서 쉬다　　라) 산책하다

**Ⅱ. 〈보기〉에서 알맞은 말을 찾아서 써 보세요.**

| 보기 | |
|---|---|
| 운동을 하다 | 소개팅을 하다 |
| 데이트를 하다 | 남자친구를 사귀다 |

1. 여자 친구와 영화도 보고 밥도 먹습니다. ____________________.
2. 준수 씨는 혜진 씨를 처음 소개받습니다. ____________________.
3. 주말에 달리기를 합니다. ______________________________.

## 정리해 보세요

**Ⅰ. 다음 ______에 들어갈 말을 고르세요.**

1. 가: 준수 씨는 이번 주말에 무엇을 하고 싶어요?
   나: 저는 좀 피곤해요. 집에서 ________________.

   ① 쉬고 싶어요. ② 쇼핑을 하고 싶어요. ③ 등산을 가고 싶어요.

2. 가: 밍밍 씨는 한국 친구가 있어요?
   나: 아니요, 그래서 한국 친구를 ________________.

   ① 데이트를 하고 싶어요. ② 사귀고 싶어요. ③ 여행을 가고 싶어요.

3. 가: 지금 차를 타고 어디에 가요? 친구를 만나요?
   나: 아니요. 그냥 혼자 __________을/를 해요.

   ① 소개팅 ② 데이트 ③ 드라이브

**Ⅱ. 다음 <u>밑줄 친 표현</u>의 쓰임이 맞으면 o, 틀리면 ×에 표시해 보세요.**

1. 저는 교실에서 날마다 <u>쇼핑을 해요</u>. ( o / × )
2. 방학에 <u>여행을 가요</u>. ( o / × )

• 소개받다(to be introduced) • 달리기(running) • 타다(to ride)

# 읽기 Reading

**Ⅰ.** 다음 단어를 사용하여 이야기해 보세요.

| 생일, 생일 파티, 파티를 하다 |
|---|

| | |
|---|---|
| 생일이 언제예요? | |
| 이번 생일에 어디에서 파티를 하고 싶어요? | |
| 지난 생일 파티에는 무엇을 했어요? | |

**Ⅱ.** 다음을 읽어 보세요.

1. 준수 씨 생일이 언제예요?

   ______________________.

2. 준수 씨는 생일에 무엇을 하고 싶어 해요? (  )

   ① 노래방에 가고 싶어 해요.

   ② 고향에 가고 싶어 해요.

   ③ 파티를 하고 싶어 해요.

   ④ 영화를 보고 싶어 해요.

3. 맞으면 O, 틀리면 ×에 표시해 보세요.

   1) 생일 파티는 저녁 일곱 시에 해요. ( O / × )

   2) 학교 수업이 끝나고 파티를 해요. ( O / × )

   3) 파티 장소는 준수네 집이에요. ( O / × )

**Ⅲ.** 생일에 무엇을 받고 싶어요? 이야기해 보세요.

| 케이크 | 책 | 카드 | 가방 | 옷 |
|---|---|---|---|---|

• 파티를 하다(to have a party) • 케이크(cake)

# Korean Culture

## Korean Movies

Koreans enjoy watching movies and many people go to the movie theaters. Various film festivals are held in Korea such as the 'Busan International Film Festival', the 'Buchon International Fantastic Film Festival', and the 'International Women's Film Festival in Seoul'. Many Korean movies also receive awards at famous international film festivals. Big cinemas are located not only in Seoul, but throughout Korea. Therefore, viewers are able to watch the same movies from anywhere in Korea.

# 8-2 도서관에 가서 공부할 거예요.

I'm going to the library to study.

Loading · Dialogue: Planning weekend activities

**박혜진:** 이번 주말에 등산을 갈 거예요?
**이준수:** 아니요. 주말에는 바빠요.
**박혜진:** 주말에 무슨 일이 있어요?
**이준수:** 도서관에 가서 공부할 거예요.

**Hyejin:** Are you going mountain climbing this weekend?
**Junsu:** No, I am busy this weekend.
**Hyejin:** What are you doing this weekend?
**Junsu:** I'm going to the library to study.

### 대답해 보세요

1. 준수 씨는 주말에 무엇을 할 거예요? (　　)

① 여행　　② 영화
③ 공부　　④ 등산

2. 주말에 누가 도서관에 갈 거예요? (　　)

① 이준수　　② 박혜진

### 어휘 New Vocabulary

등산 hiking, climbing
바쁘다 to be busy
도서관 library
공부하다 to study

# 문법
Grammar

Loading

## ① ___________어서/아서

- (동작동사에 붙어) 앞뒤 문장의 동작이 연속해서 이루어질 때 사용한다.
- 과거를 나타내는 '–었–'과 쓰이지 않는다.
  친구를 만났어서 영화를 봤어요. (×)
  친구를 만나서 영화를 봤어요. (○)

- (Attached to the end of a verb) This is used when the event in the preceding sentence is followed by the event in the following sentence.
- The past marker '–었–' is not used with this grammatical pattern.
  친구를 만났어서 영화를 봤어요. (×)
  친구를 만나서 영화를 봤어요. (○)

• 도서관에 **가서** 공부할 거예요.
• 선물을 **사서** 여자 친구에게 주었어요.

## ② ___________(으)ㄹ 거예요.

- (동작동사의 뒤에 붙어) 말하는 사람의 계획을 나타낼 때 사용된다.

- (Attached to the end of a verb) This is used to indicate the speaker's plans.

• 내일 도서관에 가서 **공부할 거예요.**
• 주말에 집에서 책을 **읽을 거예요.**
• 방학 때 고향에 **갈 거예요.**

## 문법 연습 Grammar Practice

**I. '-어서/아서'를 사용해서 문장을 만들어 보세요.**

1. 아침에 샌드위치를 만들어요. / 점심 때 먹어요.
   ➔ ______________________________.
2. 휴가를 갔다. / 사진을 많이 찍었어요.
   ➔ ______________________________.
3. 연휴에 친구를 만났어요. / 미술관에 갔어요.
   ➔ ______________________________.

**II. '-(으)ㄹ 거예요'를 사용하여 대화를 완성해 보세요.**

1. 가: 겨울 방학에 무엇을 할 거예요?
   나: 외국어를 ______________________________.
   (배우다)
2. 가: 누구하고 휴가를 갈 거예요?
   나: ______________________________.
   (친구들과 휴가를 가다)
3. 가: 오늘도 도서관에서 공부할 거예요?
   나: 오늘은 집에서 ______________________________.
   (좀 쉬다)

### 정리해 보세요

**I. 다음 밑줄 친 부분이 맞으면 ○, 틀리면 ×에 표시해 보세요.**

1. 어제 김치찌개를 만들었어서 친구와 함께 먹었어요. ( ○ / × )
2. 도서관에 가서 한국어를 공부했어요. ( ○ / × )
3. 이번 여름방학에는 한국을 여행할 거예요. ( ○ / × )

**II. 다음 ______에 들어갈 알맞은 말을 고르세요.**

1. 시장에 ______ 사과를 샀어요.

   ① 가지만 ② 가서 ③ 갔어서

2. 저는 내일 한국 친구를 __________.

   ① 만나서 ② 만났어요 ③ 만날 거예요

• 미술관(art museum)

## 듣기 Listening

다음은 준수 씨와 혜진 씨의 대화입니다. 잘 듣고 다음 질문에 대답해 보세요.

1. 혜진 씨는 주말에 어디에 가겠습니까? (      )
   ① 도서관　　② 남대문 시장　　③ 백화점　　④ 극장

2. 들은 이야기와 같으면 O, 다르면 ×에 표시해 보세요.
   1) 준수 씨는 주말에 바쁩니다.　　( O / × )
   2) 혜진 씨는 친구들과 영화를 볼 거예요.　　( O / × )

## 말하기 Speaking

I. 〈보기〉와 같이 여러분의 주말 계획을 이야기해 보세요.

보기

**박혜진**: 이번 주말에 무엇을 할 거예요?
**이준수**: 저는 친구와 쇼핑을 할 거예요.
**이준수**: 어디에서 쇼핑할 거예요?
**박혜진**: 명동에서 쇼핑할 거예요.

가: ______________________?
나: ______________________.
가: ______________________?
나: ______________________.

• 극장(theater)

# 어휘 플러스 Vocabulary Plus

## 휴일

| | | |
|---|---|---|
| 연휴 | long weekend | 예 이번에는 연휴가 길어요. |
| 공휴일 | national holiday | 예 공휴일에는 학교에 가지 않아요. |
| 휴가 | vacation | 예 제임스 씨는 휴가를 갔어요. |
| 설날 | New Year's Day | 예 1월 1일은 설날이에요. |
| 여름 방학 | summer break | 예 여름 방학이 곧 시작돼요. |
| 겨울 방학 | winter break | 예 겨울 방학이 벌써 끝났어요. |
| 방학이 언제예요? | When is your break? | 예 여름 방학이 언제예요? |
| 휴가가 언제예요? | When is your vacation? | 예 휴가가 언제예요? |

## 방학 계획

| | | |
|---|---|---|
| 계획이 있다 | to have a plan | 예 주말에 특별한 계획이 있어요? |
| 계획이 없다 | to have no plan | 예 아무 계획도 없어요. |
| 계획을 세우다 | to make a plan | 예 새해 계획을 세웠어요. |
| 계획을 취소하다 | to cancel a plan | 예 여행 계획을 모두 취소했어요. |
| 아르바이트를 하다 | to work part-time | 예 아르바이트를 할 거예요. |
| 배낭여행을 가다 | to go backpacking | 예 배낭여행을 갈 거예요. |
| 외국어를 배우다 | to learn a foreign language | 예 외국어를 배울 거예요. |
| 전공 공부를 하다 | to study a major | 예 전공 공부를 열심히 할 거예요. |
| 다이어트를 하다 | to go on a diet | 예 방학에 다이어트를 할 거예요. |

### 확인해 보세요

I. 서로 관계있는 것끼리 연결해 보세요.

1. 7월, 8월에는 학교에 가지 않습니다. 수업이 없습니다. • • 가) 여름 휴가
2. 이번 설날은 3일 동안 쉽니다. • • 나) 연휴
3. 일하지 않고 쉽니다. • • 다) 여름 방학
4. 너무 덥습니다. 일하지 않고 회사에도 안 갑니다. • • 라) 공휴일

**Ⅱ. 〈보기〉에서 알맞은 말을 찾아서 써 보세요.**

| 보기 | 계획을 세우다 | 계획이 없다 | 계획을 취소하다 | 계획이 있다 |
|---|---|---|---|---|

1. 새해입니다. 올해에는 꼭 다이어트를 하겠습니다. ____________.
2. 주말에 아무 약속도, 특별한 일도 없습니다. ____________.
3. 가족 여행을 갑니다. 그런데 회사에 중요한 일이 있습니다. 여행을 갈 수 없습니다.

   ____________.

**● 정리해 보세요 ●**

**Ⅰ. 다음 ______에 들어갈 알맞은 말을 고르세요.**

1. 가: 김 과장이 회사에 없어요.
   나: 네, 지난주 목요일부터 ____________.

   ① 휴가예요　② 방학이에요　③ 주말이에요

2. 가: 방학에 무엇을 할 거예요?
   나: 외국어를 잘하고 싶어요. 그래서 ____________.

   ① 배낭여행을 갈 거예요　② 아르바이트를 할 거예요　③ 중국어를 배울 거예요

3. 가: 주말에 무엇을 할 거예요?
   나: 글쎄요. ____________. 잘 모르겠어요.

   ① 계획이 없어요　② 계획을 세워요　③ 계획을 취소해요

**Ⅱ. 다음 말이 맞으면 ○, 이상하면 ×에 표시해 보세요.**

1. 내일이 시험이에요. 오늘은 전공 공부를 열심히 할 거예요. ( ○ / × )
2. 수업이 끝나고 학교 근처 커피숍에서 아르바이트를 해요. ( ○ / × )
3. 이번 연휴에는 아무 일이 없어요. 계획을 취소해요. ( ○ / × )

I. 읽고 질문에 대답해 보세요.

어제 시험이 끝났어요. 그래서 주말 계획을 세웠어요.

토요일에는 친구들과 영화를 볼 거예요. 저는 액션 영화를 보고 싶지만, 친구들이 코미디 영화를 좋아해요. 코미디 영화를 보고 명동에 갈 거예요. 명동에 가서 점심도 먹고 쇼핑도 할 거예요. 저는 가방과 모자를 사고 싶어요.

일요일에는 등산을 갈 거예요. 산에 올라가서 사진을 많이 찍을 거예요. 등산을 하고 저녁에 방 청소를 할 거예요.

1. 무슨 계획을 세웠어요? (　　)

   ① 휴가　② 공휴일　③ 주말　④ 방학

2. 영화를 보고 무엇을 할 거예요?

   ______________________________________________.

3. 맞으면 o, 틀리면 ×에 표시해 보세요.

   1) 우리는 액션 영화를 볼 거예요. ( o / × )
   2) 저는 가방과 모자를 살 거예요. ( o / × )
   3) 등산하고 집에 와서 공부할 거예요. ( o / × )

**II.** 주말에 무엇을 할 거예요? 써 보세요.

1. 먼저 생각해 보세요.

| | |
|---|---|
| 주말에 어디에 갈 거예요? | |
| 무엇을 할 거예요? | |
| 누구와 같이 갈 거예요? | |

2. 주말 이야기를 써 보세요.

저는 주말에 ______________________ 을/ㄹ 거예요.

______________________

______________________

______________________

______________________

______________________

In Korea there are many public libraries. The major nationally established libraries include the National Central Library, the National Library for Children and Young Adults, and the National Assembly Library in Seoul. Each area in Korea has a public library, so Koreans can go to libraries that are close to them anytime to view books at their convenience.

# 9 약속

## Appointment

학습 목표

### 9-1 어디에서 만날까요?

- 약속 관련 어휘를 배운다.
- '-(으)ㄹ까요?'와 '-어요'를 배운다.
- 약속 정하기 대화를 할 수 있다.
- 한국인의 생일에 대해 이해한다.

- Learn words related to appointments.
- Learn '-(으)ㄹ까요?' and '-어요'.
- To be able to make appointments.
- Understand Korean birthdays.

### 9-2 연휴에는 복잡하니까 미리 기차표를 예매하세요.

- 약속 관련 어휘를 배운다.
- '-(으)니까'와 명령의 '-(으)세요'를 배운다.
- 약속 정하기 대화를 할 수 있다.
- 한국의 철도 교통에 대해 이해한다.

- Learn words related to appointments.
- Learn '-(으)니까' and '-(으)세요'.
- To be able to make appointments.
- Understand the Korean railroad system.

# 9-1 어디에서 만날까요?

Where should we meet?

Loading · Dialogue: Making Appointments

김유미: 영선 씨, 내일 저녁에 지호네 생일 파티에 가요?

조영선: 네. 저도 갈 거예요. 6시쯤 만나서 같이 갈까요?

김유미: 그래요. 어디에서 만날까요?

조영선: CUK 백화점 앞에서 만나요.

Yumi : Youngsun, Are you going to Jiho's birthday party tomorrow evening?

Youngsun : Yes, I'm going. Should we meet around 6 to go together?

Yumi : Yes, where should we meet?

Youngsun : Let's meet in front of the CUK department store.

**대답해 보세요**

1. 두 사람은 내일 뭐할 거예요? (　　)
   ① 쇼핑할 거예요.　② 친구를 만날 거예요.
   ③ 생일 파티에 갈 거예요.　④ 같이 저녁 식사할 거예요.

2. 두 사람은 언제 어디에서 만나요? (　　)
   ① 5시, 지호네 집　② 6시, 지호네 집
   ③ 5시, CUK 백화점 앞　④ 6시, CUK 백화점 앞

**어휘 New Vocabulary**

저녁(시간) evening
(지호)네 (Jiho)'s house
생일 파티 birthday party
같이 together
백화점 [배콰점] department store

# 문법
Grammar

## 1 ____________(으)ㄹ까요?

(동작동사 뒤에 붙어) 상대방의 생각을 물으면서 함께 할 것을 제안할 때 사용한다.

(Attached to the end of a verb) This is used when asking the other party's opinion about an action and whether they would like to do that action together.

- 6시쯤 만나서 같이 **갈까요?**
- 같이 저녁을 **먹을까요?**
- 같이 산책을 **할까요?**

## 2 ____________어요/아요.

(동작동사 뒤에 붙어) 상대방에게 어떤 행동을 함께 하자고 말할 때 사용한다.

(Attached to the end of a verb) This is used when telling the other party to do something together.

- 백화점 앞에서 **만나요.**
- 일요일에 같이 미술관에 **가요.**
- 이따가 같이 점심을 **먹어요.**
- 오후에 같이 **산책해요.**

## 문법 연습 Grammar Practice

**Ⅰ. '-(으)ㄹ까요?'를 사용해서 대화를 완성해 보세요.**

1. 가: 오늘이 준수 씨 생일이에요.
   나: 같이 ______________________? (생일 파티를 하다)
2. 가: 내일 수지 씨 아들 돌잔치를 해요.
   나: 그럼 같이 ______________________? (선물을 사다)
3. 가: 미키 씨가 고향에 돌아가요.
   나: 그럼 이번 주말에 ______________________? (송별회를 하다)

**Ⅱ. '-어요/아요'를 사용해서 대화를 완성해 보세요.**

1. 가: 같이 크리스마스 파티를 할까요?
   나: 네, ______________________.
2. 가: 졸업 파티가 몇 시예요?
   나: 7시예요. 이따가 거기에서 ______________.
3. 가: 같이 돌잔치에 갈까요?
   나: 좋아요. ______________________.

### 정리해 보세요

**Ⅰ. 다음 밑줄 친 부분이 맞으면 ○, 틀리면 ×에 표시해 보세요.**

1. 내일 준수 씨 집에 갈까요? ( ○ / × )
2. 수업 끝나고 같이 공부하을까요? ( ○ / × )
3. 식당에서 같이 밥을 먹어요. ( ○ / × )

**Ⅱ. 다음 ______에 들어갈 알맞은 말을 고르세요.**

1. 가: 우리 내일 어디에서 만날까요? 나: 학교 앞에서 ______________.

   ① 만날 거예요 ② 만나요 ③ 만났어요

2. 가: 오늘 같이 ______________? 나: 좋아요. 같이 극장에 가요.

   ① 영화를 볼까요 ② 영화를 안 봐요 ③ 영화를 봤어요

## 듣기 Listening

다음은 조영선 씨와 김유미 씨의 대화입니다. 잘 듣고 다음 질문에 대답해 보세요.

1. 영선 씨는 누구의 집들이에 갑니까? (  )
   ① 미선 ② 지민 ③ 유미 ④ 수지

2. 들은 이야기와 같으면 O, 다르면 ×에 표시해 보세요.
   1) 두 사람은 금요일에 만납니다. ( O / × )
   2) 8시쯤 만나서 같이 갑니다. ( O / × )

## 말하기 Speaking

I. 〈보기〉와 같이 친구에게 파티를 제안하는 대화를 해 보세요.

보기

준수: 혜진 씨, 우리 같이 크리스마스 파티에 갈까요?
혜진: 네, 좋아요. 같이 가요.
준수: 어디에서 만날까요?
혜진: 지하철역에서 만나요.

가: ______________________?
나: ______________________.

가: ______________________?
나: ______________________.

# 어휘 플러스 Vocabulary Plus

## 행사

| | | |
|---|---|---|
| 생일 파티 | birthday party | 예 내일 제임스 씨 생일 파티가 있어요. |
| 졸업 파티 | graduation party | 예 졸업 파티가 언제예요? |
| 집들이 | housewarming | 예 집들이에 같이 가요. |
| 돌잔치 | first birthday party | 예 돌잔치를 어디에서 해요? |
| 환영회 | welcoming party | 예 어제 신입생 환영회를 했어요. |
| 송별회 | farewell party | 예 금요일에 리에 씨 송별회를 할 거예요. |
| 파티를 하다 | to throw a party | 예 우리 같이 파티를 해요. |
| 파티에 가다 | to go to a party | 예 제임스 씨 생일 파티에 갈 거예요? |
| 파티에 초대하다 | to invite to a party | 예 누구를 파티에 초대했어요? |
| 파티에 초대받다 | to be invited to a party | 예 파티에 초대받지 못했어요. |

## 약속 1

| | | |
|---|---|---|
| 약속 시간 | meeting time | 예 약속 시간이 몇 시예요? |
| 약속 장소 | meeting place | 예 약속 장소를 몰라요. |
| 약속을 하다 | to make an appointment | 예 누구와 약속을 했어요? |
| 선약이 있다 | to have a previous engagement | 예 미안해요. 내일은 선약이 있어요. |
| 약속이 없다 | to have no appointments | 예 이번 주말에는 약속이 없어요. |
| 약속에 늦다 | to be late to an appointment | 예 그 사람은 늘 약속에 늦어요. |

**확인해 보세요**

I. 그림을 보고 알맞은 말을 연결해 보세요.

1 

2 

3 

4 

가) 약속을 하다　　나) 약속에 늦다　　다) 약속 시간　　라) 약속 장소

**Ⅱ. 다음 보기에서 맞는 것을 찾아 써 보세요.**

| 보기 | 집들이 | 돌잔치 | 송별회 | 환영회 |
|---|---|---|---|---|

1. 새 집으로 이사했어요. 금요일에 (          )을/를 해요.
2. 친구가 고향에 돌아가요. 토요일에 (          )을/를 해요.
3. 아기가 1살 생일이 되었어요. 일요일에 (          )을/를 해요.

## ● 정리해 보세요 ●

**Ⅰ. 다음 ______에 들어갈 알맞은 말을 고르세요.**

1. 내일은 민수의 생일이에요. 민수네 집에서 ________를 해요.

   ① 생일 파티　　② 집들이　　③ 돌잔치

2. 가: 유진 씨가 다음 주에 미국에 가요?
   나: 네, 그래서 이번 주 토요일에 유진 씨 _____를 할 거예요.

   ① 환영회　　② 송별회　　③ 졸업 파티

3. 가: 저녁에 같이 산책할까요?
   나: 미안해요. 저녁에는 ____________________ 다음에 같이 산책해요.

   ① 약속이 없어요.　　② 약속을 할까요?　　③ 선약이 있어요.

**Ⅱ. 다음 표현의 쓰임이 맞으면 o, 틀리면 ×에 표시해 보세요.**

1. 오늘은 제임스 생일이에요.
   제임스는 생일에 친구들을 초대받아요. ( o / × )
2. 약속 시간이 1시예요. 하지만 지금은 1시 10분이에요.
   약속 시간에 늦었어요. ( o / × )
3. 주말에 친구를 만나서 영화관에 가요.
   주말에 약속이 없어요. ( o / × )

## 읽기 Reading

**Ⅰ. 다음 단어를 알아보세요.**

| 그리고, 그래서, 그런데 |
|---|

1. 제 친구는 예뻐요. (        ) 아주 친절해요.
2. 교통이 복잡했어요. (        ) 약속 시간에 늦었어요.
3. 택시를 탔어요. (        ) 가방에 지갑이 없었어요.

**Ⅱ. 다음을 읽어 보세요.**

1. 유미 씨와 영선 씨는 내일 어디에 가요? (    )

   ① 생일 파티　　② 극장

   ③ 도서관　　④ 도서관

2. 유미 씨는 몇 시에 어디에서 영선 씨를 만나요?

   **몇 시에:** ____________________

   **어디에서:** ____________________

3. 맞으면 O, 틀리면 ×에 표시해 보세요.

   1) 유미 씨는 생일 선물을 샀어요 ( O / × )

   2) 영선 씨는 내일 선약이 있어요. ( O / × )

   3) 영선 씨는 같이 선물을 사고 싶어 하지 않아요. ( O / × )

**Ⅲ. 다음을 보고 유미 씨에게 문자 메시지를 보내 보세요.**

> 영선 씨는 오늘 유미 씨와 4시에 약속을 했어요. 그런데 일이 많아요. 그래서 5시에 만나고 싶어해요.

# Korean Culture



Koreans spend their birthdays with friends and family. On special birthdays, a big party is thrown. When a baby is 100 days old, a 100 day party known as Baekil-janchi is thrown and on a baby's first birthday, a party known as Dol-janchi is thrown. On the 60th birthday, the children of the celebrator throw a birthday party known as Hwangap-janchi and on the 70th birthday, the children throw a birthday party known as Gohui-janchi.

# 9-2 연휴에는 복잡하니까 미리 기차표를 예매하세요.

We should make reservations ahead of time since it is a holiday.

Loading Dialogue: Making Appointments

**김유미:** 금요일이 공휴일이니까 가족 여행 갈까요?

**이재훈:** 아, 그래요? 어디가 좋을까요?

**김유미:** 음, 경주 어때요?

**이재훈:** 좋아요. 연휴에는 복잡하니까 미리 기차표를 예매하세요.

umi: Since Friday is a holiday, should we go on a family vacation?

Jaehoon: Sure. Where should we go?

umi: How about Kyungju?

Jaehoon: Okay. We should make reservations ahead of time since it is a holiday.

**대답해 보세요**

1. 두 사람은 왜 금요일에 여행을 갈 거예요? (　　)

   ① 금요일이 생일이에요.　　② 금요일이 공휴일이에요.
   ③ 금요일부터 휴가예요.　　④ 금요일부터 방학이에요.

2. 가족 여행은 어디로, 어떻게 가요? (　　)

   ① 공주, 기차　　② 경주, 기차
   ③ 공주, 고속버스　　④ 경주, 고속버스

**어휘 New Vocabulary**

- 공휴일 national holiday
- 가족 여행 family trip
- 연휴 long weekend
- 미리 ahead of time
- 기차표 train ticket
- 예매하다 to purchase in advance

# 문법
Grammar

Loading

## 1 ____________(으)니까

(동사의 뒤에 붙어) 이유를 말할 때 사용한다.

(Attached to the end of a verb) This is used when stating a reason.

| 받침 ○ → -으니까 | | 받침 × → -니까 | |
|---|---|---|---|
| 좋다 | 좋으니까 | 예쁘다 | 예쁘니까 |
| 먹다 | 먹으니까 | 공부하다 | 공부하니까 |

- 연휴에는 **복잡하니까** 미리 기차표를 예매하세요.
- **피곤하니까** 좀 쉴까요?
- 오늘은 시간이 **없으니까** 내일 만나요.

## 2 ____________(으)세요.

(동작동사의 뒤에 붙어) 상대방에게 어떤 행동을 하라고 지시할 때 사용한다.

(Attached to the end of a verb) This is used when instructing the other party to do something.

| 받침 ○ → -으세요 | | 받침 × → -세요 | |
|---|---|---|---|
| 입다 | 입으세요 | 일어나다 | 일어나세요 |
| 닫다 | 닫으세요 | 공부하다 | 공부하세요 |

- 연휴에는 복잡하니까 미리 기차표를 **예매하세요.**
- 빨리 **말하세요.**
- 의자에 **앉으세요.**

## 문법 연습 Grammar Practice

**Ⅰ. '-(으)니까'를 사용하여 문장을 완성해 보세요.**

1. ______________ 약속을 미룰까요?
   (아프다)
2. ______________ 약속 시간을 변경할까요?
   (그 날은 다른 약속이 있다)

**Ⅱ. '-(으)세요' 사용해서 대화를 완성해 보세요.**

1. 가: 내일 시험이에요.
   나: 그럼 약속을 취소하고 ______________.
   (공부하다)
2. 가: 죄송해요. 좀 늦었어요.
   나: 괜찮아요. 어서 ______________.
   (앉다)
3. 가: 미안해요. 많이 기다렸어요?
   나: 30분이나 기다렸어요. 커피 먼저 ______________.
   (주문하다)

### 정리해 보세요

**Ⅰ. 다음 밑줄 친 부분이 맞으면 ○, 틀리면 ×에 표시해 보세요.**

1. 모두 자리에 앉으세요. ( ○ / × )
2. 수업을 시작했으니까 빨리 교실에 들어오세요. ( ○ / × )
3. 내일은 바쁘으니까 다음 주에 만날까요? ( ○ / × )

**Ⅱ. 다음 ______에 들어갈 알맞은 말을 고르세요.**

1. 가: 내일이 한국어 시험이에요.
   나: 제임스 씨는 한국어 공부를 열심히 ________ 시험을 잘 볼 거예요.

   ① 했으니까 ② 했지만 ③ 하고 싶어요.

2. 가: 요즘 날씨가 추워요. 나: 네, 건강 ________

   ① 조심하세요. ② 조심했어요. ③ 조심할까요?

• 주문하다(to order)

## 듣기 Listening

다음은 조영선 씨와 김유미 씨의 대화입니다. 잘 듣고 다음 질문에 대답해 보세요.

1. 유미 씨는 언제 약속이 있습니까? (　　)
   ① 월요일　　② 화요일　　③ 금요일　　④ 토요일

2. 들은 이야기와 같으면 O, 다르면 ×에 표시해 보세요.
   1) 유미 씨는 토요일에 약속이 없습니다.　( O / × )
   2) 두 사람은 백화점에 가고 싶어 합니다.　( O / × )

## 말하기 Speaking

I. 〈보기〉와 같이 약속을 정하는 대화를 해 보세요.

보기

유미: 영선 씨, 같이 쇼핑을 할까요?
유미: 좋아요, 언제 만날까요?
리에: 내일 5시 어때요?
영선: 네. 좋아요.

가: ______________________?
나: ______________________?
가: ______________________?
나: ______________________.

## 어휘 플러스 Vocabulary Plus

### 약속 2

| | | |
|---|---|---|
| 약속을 변경하다 | to change an appointment | 예 약속을 변경하고 싶어요. |
| 약속을 취소하다 | to cancel an appointment | 예 내일 약속을 취소했어요. |
| 약속을 미루다 | to push back an appointment | 예 3시로 약속을 미루었어요. |
| 약속을 지키다 | to keep a promise | 예 리에 씨는 약속을 잘 지키세요. |
| 약속을 안 지키다 | to break a promise | 예 제임스 씨는 약속을 항상 안 지켜요. |
| 약속을 정하다 | to choose an appointment | 예 약속을 언제로 정했어요? |
| 약속을 잊다 | to forget an appointment | 예 중요한 약속이니까 잊지 마세요. |
| 오래 기다리다 | to wait a long time | 예 친구를 오래 기다렸어요. |
| 늦지 말다 | to not be late | 예 이번에는 늦지 마세요. |
| 일찍 오다 | to come early | 예 30분 일찍 왔어요. |
| 늦게 오다 | to come late | 예 항상 늦게 와요. |

**확인해 보세요**

I. 관계있는 것끼리 서로 연결해 보세요.

1

2

3

4

가) 약속을 지키다 나) 약속에 늦다 다) 약속을 안 지키다 라) 약속을 잊다

## Ⅱ. 〈보기〉에서 알맞은 말을 찾아서 써 보세요.

**보기** 변경하다 취소하다 정하다 안 지키다

1. 우리는 내일 1시에 백화점 앞에서 만납니다. 약속을 ____________.
2. 내일 약속 시간을 1시에서 3시로 바꾸었습니다. 약속을 ____________.
3. 약속 시간에 다른 일이 있습니다. 약속을 ____________.

## ● 정리해 보세요 ●

### Ⅰ. 다음 말이 맞으면 ○, 이상하면 ×에 표시해 보세요.

1. 오후 2시로 약속을 정했어요. 오후 2시에 친구를 만날 거예요. ( ○ / × )
2. 준수 씨는 약속을 잘 지켜요. 약속에 안 늦어요. ( ○ / × )
3. 친구가 늦게 왔어요. 그래서 저는 친구를 오래 기다렸어요. ( ○ / × )

### Ⅱ. 다음 ______에 들어갈 알맞은 말을 고르세요.

1.
가: 내일 1시에 친구와 약속을 했지만 1시에 다른 일이 생겼어요.
나: 그럼 ____________

① 약속을 변경할까요? ② 약속을 지킬까요? ③ 약속을 정할까요?

2.
가: 어제 왜 안 왔어요?
나: 미안해요. 약속을 ____________.

① 잊었어요 ② 미뤘어요 ③ 취소했어요

3.
가: 내일 12시에 출발하니까 ____________.
나: 네, 알았어요.

① 늦게 오세요 ② 늦지 마세요 ③ 오래 기다리세요

• 일이 생기다(something happens)

I. 읽고 질문에 대답해 보세요.

오늘 영선 씨는 휴가였어요. 그래서 우리는 같이 쇼핑을 하고 영화를 볼 거예요. 영선 씨와 2시에 약속을 했어요. 약속 장소는 서울역 앞이었어요. 그런데 제가 일찍 가고 싶었지만 일이 안 끝났어요. 그래서 영선 씨에게 전화를 했어요. " 영선 씨, 조금 늦을 거예요. 미안해요." 영선 씨는 "괜찮아요. 시간이 많으니까 천천히 오세요"라고 대답했어요. 저는 일이 끝나고 서울역에 갔어요. 2시 30분이었어요. 영선 씨가 오래 기다렸어요. 저는 영선 씨에게 아주 미안했어요.

1. 오늘 무슨 날이에요? (　　)

   ① 영선 씨 휴가　　② 내 생일　　③ 공휴일　　④ 연휴

2. 왜 약속 시간에 늦었어요?

   ______________________________________________.

3. 맞으면 O, 틀리면 ×에 표시해 보세요.

   1) 영선 씨를 학교 앞에서 만났어요.　　( O / × )
   2) 나는 약속 시간을 변경했어요.　　( O / × )
   3) 영선 씨는 서울역에 오지 않았어요.　　( O / × )

Ⅱ. 여러분은 언제 약속 시간에 늦었습니까? 이야기를 써 보세요.

1. 먼저 생각해 보세요.

| | |
|---|---|
| 누구와 약속을 했어요? | |
| 왜 늦었어요? | |
| 그래서 어떻게 했어요? | |

2. 약속 시간에 늦은 이야기를 써 보세요.

저는 ____________ 와/과 약속이 있었어요.

## Korean Railroad System

In Korea, the railroad system spans nationwide. Therefore it is convenient going from one area to another. By going to the KORAIL (Korean Railroad) website, you can check station names, train times and train fares, as well as reserve tickets.

# 공공장소

## Public Place

학습 목표

### 10-1 머리가 아파서 약을 사러 가요.

- 공공장소 관련 어휘를 배운다.
- '–어서' 와 '–(으)러 가요'를 배운다.
- 행선지를 말하는 대화를 할 수 있다.
- 한국의 의약분업을 이해한다.

- Learn words related to public places.
- Learn '–어서' and '–(으)러 가요'.
- To be able to talk about destinations.
- Understand Korean pharmacies.

### 10-2 이번 주 수요일까지 여권이 나올까요?

- 공공장소 관련 어휘를 배운다.
- '–(으)ㄹ까요?'와 '–(으)ㄹ 거예요'를 배운다.
- 상대방의 의견을 물어볼 수 있다.
- 한국 관광에 대해 이해한다.

- Learn words related to public places.
- Learn '–(으)ㄹ까요?' and '–(으)ㄹ 거예요'.
- To be able to ask others their opinion.
- Understand tourism in Korea.

# 10-1 머리가 아파서 약을 사러 가요.

I'm going to buy some medicine for my headache.

Loading Dialogue: Saying destinations

이웃 여자: 유미 씨, 오랜만이에요. 어디 가세요?
김 유 미: 네. 약국에 가요.
이웃 여자: 어디 아파요?
김 유 미: 머리가 아파서 약을 사러 가요.

Neighbor: Yumi, long time no see! Where are you going?
Yumi: Hello, I am going to the pharmacy.
Neighbor: Are you not feeling well?
Yumi: I'm going to buy some medicine for my headache.

**어휘 New Vocabulary**

오랜만이에요. [오랜마니에요] It has been a long time.
약국 [약꾹] pharmacy
머리가 아프다 to have a headache
약 medicine
사다 to buy
배 stomach
머리 head
감기 cold
몸살 ache all over

**대답해 보세요**

1. 유미 씨는 지금 어디에 가요? (　　)
   ① 집　② 병원
   ③ 약국　④ 화장실

2. 유미 씨는 지금 어디가 아파요? (　　)
   ① 배　② 머리
   ③ 감기　④ 몸살

# 문법
Grammar

Loading

## ① ___________어서/아서

- (동사의 뒤에 붙어) 이유를 말할 때 사용한다.
- 과거를 나타내는 '–었–'과 쓰이지 않는다.

- (Attached to the end of a verb) This is used when stating a reason.
- This is not used with the past marker '–었–'.

| ㅗ, ㅏ → –아서 | | ㅓ, ㅜ, ㅐ... → –어서 | | –하다 → –해서 | |
|---|---|---|---|---|---|
| 좋다 | 좋아서 | 울다 | 울어서 | 공부하다 | 공부해서 |
| 살다 | 살아서 | 먹다 | 먹어서 | 연습하다 | 연습해서 |

- 일부 동사는 줄여서 사용한다.
  오다 ⇒ 와서, 기다리다 ⇒ 기다려서
- '하다' 동사는 '해서'로 쓴다.

- Some verbs are contracted when used with this grammatical pattern.
  오다 ⇒ 와서, 기다리다 ⇒ 기다려서
- '하다' verbs are changed to '해서'.

- 머리가 **아파서** 약을 사러 가요.
- 모자가 너무 작아**서** 큰 것으로 바꾸고 싶어요.
- 점심을 너무 많이 **먹어서** 배가 불러요.
- 비가 **와서** 교통이 복잡해요.
- 한국어를 많이 **연습해서** 발음이 좋아요.

## ② ___________________(으)러 가요.

- (동작동사의 뒤에 붙어) 행동의 목적을 말할 때 사용한다.

- (Attached to the end of a verb) This is used when stating the goal of behavior.

| 받침 ○ → –으러 가요 | | 받침 × → –러 가요 | |
|---|---|---|---|
| 씻다 | 씻으러 가요 | 자다 | 자러 가요 |
| 읽다 | 읽으러 가요 | 공부하다 | 공부하러 가요 |

- 머리가 아파서 약을 **사러 가요.**
- 식당에 밥을 **먹으러 가요.**
- 일을 **하러 가요.**

## 문법 연습 Grammar Practice

**Ⅰ. '-어서/아서'를 사용하여 문장을 만들어 보세요.**

1. 차가 막혔어요. 그래서 늦었어요. ➔ ______________________.
2. 너무 피곤했어요. 그래서 일찍 잤어요. ➔ ______________________.
3. 친구를 만났어요. 그래서 기뻤어요. ➔ ______________________.

**Ⅱ. '-(으)러 가요'를 사용하여 대화를 완성해 보세요.**

1. 가: 혜진 씨, 어디에 가요?
   나: 서점에 ______________(으)러 가요.
   (책을 사다)
2. 가: 지민 씨, 왜 우체국에 가요?
   나: ______________(으)러 가요.
   (편지를 보내다)
3. 가: 준수 씨, 왜 은행에 가요?
   나: ______________(으)러 가요.
   (돈을 찾다)

### 정리해 보세요

**Ⅰ. 다음 밑줄 친 부분이 맞으면 ○, 틀리면 ×에 표시해 보세요.**

1. 어제 배가 아팠어서 병원에 갔어요. ( ○ / × )
2. 기숙사에 조금 쉬러 가요. ( ○ / × )
3. 방이 넓어서 아주 좋아요. ( ○ / × )

**Ⅱ. 다음 ______에 들어갈 알맞은 말을 고르세요.**

1. 가: 어디에 가요?
   나: 도서관에 책을 ______ 가요.

   ① 읽어서 ② 읽으러 ③ 읽으니까

2. 가: 밥을 왜 더 먹지 않아요?
   나: 아까 밥을 많이 ______ 배가 불러요.

   ① 먹어서 ② 먹었어서 ③ 먹으러

• 차가 막히다(traffic is backed up/traffic jam) • 돈을 찾다(to withdraw money)

## 듣기 Listening

다음은 이웃 사람과 김유미 씨의 대화입니다. 잘 듣고 다음 질문에 대답해 보세요.

1. 유미 씨는 무엇을 사러 갑니까? (　　)
   ① 과일　② 아이스크림　③ 채소　④ 소고기

2. 들은 이야기와 같으면 o, 다르면 ×에 표시해 보세요.
   1) 유미 씨와 이웃 여자는 자주 만났습니다.　( o / × )
   2) 오늘 날씨가 덥습니다.　( o / × )

## 말하기 Speaking

I. 〈보기〉와 같이 대화해 보세요.

보기
준수: 혜진 씨, 어디에 가요?
혜진: 도서관에 가요.
준수: 왜 도서관에 가요?
혜진: 한국 역사책을 빌리러 가요.

가: ______________________?
나: ______________________.
가: 왜 ______________ 에 가요?
나: ______________ (으)러 가요.

• 과일(fruit) • 아이스크림(ice cream) • 채소(vegetable) • 소고기(beef) • 이웃(neighborhood) • 역사책(history book)

## 어휘 플러스 Vocabulary Plus

### 공공장소

| | | |
|---|---|---|
| 우체국 | post office | 예 우체국에 편지를 부치러 가요. |
| 은행 | bank | 예 은행에 통장을 만들러 가요. |
| 도서관 | library | 예 도서관에 공부를 하러 가요. |
| 대사관 | embassy | 예 대사관에 비자를 만들러 가요. |
| 미술관 | art gallery | 예 미술관에 그림을 보러 갈 거예요. |
| 박물관 | museum | 예 국립 박물관에 전시회를 보러 갈 거예요. |
| 경찰서 | police station | 예 저는 경찰서에서 일해요. |
| 소방서 | fire station | 예 소방서에 전화하세요. |

### 우체국

| | | |
|---|---|---|
| 편지를 보내다 | to send a letter | 예 요즘은 편지를 잘 보내지 않아요. |
| 편지를 받다 | to receive a letter | 예 어제 편지를 받았어요. |
| 소포를 부치다 | to send a package | 예 소포를 부쳤어요. |
| 항공편 | airmail | 예 항공편 요금이 얼마예요? |
| 배편 | seamail | 예 배편 요금이 얼마예요? |

**확인해 보세요**

I. 서로 관계있는 것끼리 연결해 보세요.

| | |
|---|---|
| 1. 그림을 보러 갑니다. • | • 가) 우체국 |
| 2. 편지를 보내러 갑니다. • | • 나) 은행 |
| 3. 돈을 찾으러 갑니다. • | • 다) 대사관 |
| 4. 비자를 만들러 갑니다. • | • 라) 미술관 |

II. 〈보기〉에서 알맞은 말을 찾아서 써 보세요.

보기 항공편 배편 편지

1. 외국 친구에게 ( )(으)로 생일 선물을 보냅니다. 비싸지만 빨리 보내고 싶습니다.
2. 시간이 오래 걸리지만 값이 쌉니다. 그래서 저는 ( )(으)로 보냅니다.

● 정리해 보세요 ●

I. 다음 ____에 들어갈 알맞은 말을 고르세요.

1.
가: 지금 어디에 가요?
나: ________에 비자를 만들러 가요.

① 대사관 ② 미술관 ③ 경찰서

2.
가: 그림을 보고 싶어요.
나: 그럼 ________에 가세요.

① 은행 ② 소방서 ③ 미술관

3.
가: 이 옷들을 어떻게 보내요?
나: 우체국에서 ____________________.

① 편지를 보내세요 ② 편지를 받으세요 ③ 소포로 보내세요

4.
가: 이 편지를 빨리 보내고 싶어요.
나: 그럼 ________로/으로 보내세요.

① 항공편 ② 배편 ③ 편지

• 비자(visa)

## 읽기 Reading

**Ⅰ. 다음 단어를 알아보세요.**

| 쉬다, 약사, 회의 |
|---|

1. 이 식당은 일요일에도 문을 열어요. (　　)지 않아요.
2. 오늘은 오후에 (　　)이/가 있으니까 내일 만나요.
3. 병원에는 의사가 있고 약국에는 (　　)이/가 있어요.

**Ⅱ. 다음을 읽어 보세요.**

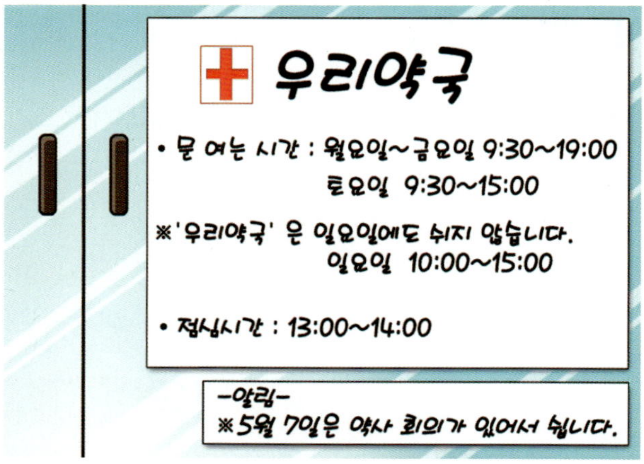


1. 무엇에 대한 안내문입니까? (　　)
   ① 병원
   ② 우체국
   ③ 도서관
   ④ 약국
2. 왜 5월 7일에 문을 열지 않아요?

   ______________________________

   ______________________________.
3. 맞으면 o, 틀리면 ×에 표시해 보세요.
   1) 토요일 저녁에는 문을 닫아요. ( o / × )
   2) 일요일에도 문을 열어요. ( o / × )
   3) 점심시간은 두 시간이에요. ( o / × )

**Ⅲ. 다음을 보고 이야기해 보세요.**

우리 약국
이름: 박미나
아침(v), 점심(v), 저녁(v)에 드세요
2013년 8월 7일
약사: 박민수

| 누가 약을 샀어요? | |
|---|---|
| 하루에 몇 번 약을 먹어요? | |
| 언제 약국에 갔어요? | |

• 약사(pharmacist)

# Korean Culture

## Korean Pharmacy

In order to purchase medicine from a Korean pharmacy, a doctor's prescription is required. Because there is a separation of prescribing and dispensing in Korea, pharmacists cannot dispense drugs on their own. You can buy general, everyday medicine, but you cannot buy specialized medicine without a prescription. You must first go to a hospital and get a diagnosis. Once the doctor has written you a prescription, you can buy the particular medicine you need.

# 10-2 이번 주 수요일까지 여권이 나올까요?

Will my passport be ready by this Wednesday?

Loading Dialogue: Suppositions

김유미: 이번 주 수요일까지 여권이 나올까요?

직　원: 보통 3일 정도 걸리니까, 수요일까지는 나올 거예요.

김유미: 서류는 뭐가 필요해요?

직　원: 사진과 신분증을 가지고 오세요.

Yumi: Will my passport be ready by this Wednesday?

Worker: It usually takes 3 days, so it should be ready by Wednesday.

Yumi: What documents will I need to bring?

Worker: You will need a photo and an identification.

### 대답해 보세요

1. 여권을 신청하면 언제 받을 수 있어요? (　　)
   ① 오늘　② 내일　③ 2일 후　④ 3일 후
2. 여권을 만들 때 서류는 무엇이 필요해요? (　　)
   ① 사진　② 신분증
   ③ 사진과 신분증　④ 여권과 신분증

### 어휘 New Vocabulary

여권 [여꿘] passport
걸리다 to take time
서류 document
필요하다 to be in need
신분증 [신분쯩] identification card
가지고 오다 to go and bring

## 문법
Grammar

Loading

### ① ________________(으)ㄹ까요?

- (동사의 뒤에 붙어) 정해지지 않은 일에 대해 상대방에게 물을 때 사용한다.
- 공손하게 물을 때 많이 사용한다.

- (Attached to the end of a verb) This is used to ask the other party about something that has yet not been decided.
- This is often used when asking something politely.

| 받침 ○ → -을까요? | | 받침 × → -ㄹ까요? | |
|---|---|---|---|
| 좋다 | 좋을까요? | 예쁘다 | 예쁠까요? |
| 읽다 | 읽을까요? | 공부하다 | 공부할까요? |

- 이번 주 수요일까지 여권이 **나올까요**?
- 이번 주말에는 비가 **올까요**?
- 재훈 씨가 언제 **올까요**?

### ② ________________(으)ㄹ 거예요.

- (동사의 뒤에 붙어) 아직 일어나지 않았거나, 모르는 일에 대해 추측할 때 쓴다.

- (Attached to the end of a verb) This is used to make a guess about an event that has not yet happened or about something the speaker does not know about.

| 받침 ○ → -을 거예요 | | 받침 × → -ㄹ 거예요 | |
|---|---|---|---|
| 좋다 | 좋을 거예요 | 예쁘다 | 예쁠 거예요 |
| 먹다 | 먹을 거예요 | 공부하다 | 공부할 거예요 |

- 수요일까지는 **나올 거예요**.
- 혜진 씨도 이 음식을 아마 **좋아할 거예요**.
- 김과장님은 아마 사무실에 **있을 거예요**.

## 문법 연습 Grammar Practice

**I. '-(으)ㄹ까요?'를 사용하여 문장을 만들어 보세요.**

1. 내일 날씨가 / 좋다 ➔ ______________________?
2. 지민 씨가 언제쯤 / 학교에 오다 ➔ ______________________?
3. 지금 준수 씨가 / 집에 있다 ➔ ______________________?

**II. '-(으)ㄹ 거예요'를 사용하여 대화를 완성해 보세요.**

1. 가: 비자가 언제 나올까요? 나: ______________________.
2. 가: 시간이 얼마나 걸릴까요? 나: ______________________.
3. 가: 서류는 무엇이 필요할까요? 나: ______________________.

### 정리해 보세요

**I. 다음 ______에 들어갈 알맞은 말을 고르세요.**

1. 가: 준수가 제 편지를 받았을까요?
   나: 아마 ______________

   ① 받아요. ② 받을 거예요. ③ 받았을 거예요.

2. 가: 준수는 언제 집에 ____________
   나: 글쎄요. 잘 모르겠어요.

   ① 올까요? ② 오세요. ③ 오지만

3. 가: 무슨 서류가 ____________
   나: 신분증이 필요해요.

   ① 필요할 거예요? ② 필요할까요? ③ 필요했어요?

**II. 다음 밑줄 친 부분이 맞으면 o, 틀리면 ×에 표시해 보세요.**

1. 내일 날씨가 좋을까요? ( o / × )
2. 준수는 아마 회사에 있을 거예요. ( o / × )
3. 제임스가 어제 친구를 만날까요? ( o / × )

## 듣기 Listening

다음은 김유미 씨와 직원의 대화입니다. 듣고 다음 질문에 답해 보세요.

1. 중국 비자는 얼마나 걸립니까? (　　)
   ① 1주일　② 2주일　③ 3주일　④ 4주일

2. 들은 이야기와 같으면 ○, 다르면 ×에 표시해 보세요. (　　)
   1) 이번 주 금요일까지 비자가 나오지 않습니다. ( ○ / × )
   2) 여권, 비자 신청서, 신분증이 필요합니다. ( ○ / × )

## 말하기 Speaking

I. 배운 어휘와 문법을 사용하여 대화해 보세요.

1. 가: 주말 날씨가 좋을까요?
   나: ______________________.
2. 가: 비자가 언제 나올까요?
   나: ______________________.
3. 가: 서울에서 부산까지 얼마나 걸릴까요?
   나: ______________________.

# 어휘 플러스 Vocabulary Plus

## 여권

| | | |
|---|---|---|
| 여권 신청 비용 | passport application fee | 예 여권 신청 비용이 얼마나 들어요? |
| 여권 신청서 | passport application form | 예 여권 신청서를 써 보세요. |
| 전자 여권 | electronic passport | 예 요즘에는 전자 여권으로 바뀌었어요. |
| 입국하다 | to enter a country | 예 언제 입국했어요? |
| 출국하다 | to leave a country | 예 언제 출국할 거예요? |

## 비자

| | | |
|---|---|---|
| 비자 신청서 | visa application form | 예 먼저 비자 신청서를 써 보세요. |
| 비자 유효 기간 | passport validity period | 예 비자 유효 기간이 얼마 안 남았어요. |
| 비자를 신청하다 | to apply for a visa | 예 지난주에 비자를 신청했습니다. |
| 비자가 필요 없다 | to not need a visa | 예 관광 비자가 필요 없어요. |
| 비자가 필요하다 | to need a visa | 예 그 나라는 학생 비자가 필요해요? |
| 비자를 만들다 | to get a visa | 예 비자를 만들러 왔습니다. |
| 비자가 나오다 | to be issued a visa | 예 비자가 언제 나올까요? |

**확인해 보세요**

I. 그림을 보고 서로 관계있는 것끼리 연결해 보세요.

1

2

3

4

가) 전자 여권　　나) 여권 발급 신청서　　다) 비자를 만들다　　라) 비자가 필요 없다

• 발급(issue)

II. 〈보기〉에서 알맞은 말을 찾아서 써 보세요.

| 보기 | 여권 | 비자 | 입국 | 출국 |
|---|---|---|---|---|

1. 내일 다른 나라로 여행을 갑니다. 내일 (　　　　)합니다.
2. 여행을 끝내고 한국에 돌아왔습니다. 오늘 (　　　　)했습니다.
3. 비자를 만들고 싶습니다. 사진과 (　　　　)은/는 여기에 있습니다.

## 정리해 보세요

I. 다음 ________에 들어갈 알맞은 말을 고르세요.

1. 가: 여권을 만들고 싶어요.
   나: 그럼 먼저 이 ____________을/를 쓰세요.

   ① 전자 여권　② 여권 신청 비용　③ 여권 신청서

2. 가: 준수 씨, ____________
   나: 아니요, 아직 비자가 없어요.

   ① 비자가 나왔어요?　② 비자가 필요해요?　③ 비자를 신청해요?

3. 가: 한국에 언제 ____________
   나: 지난 3월에 한국에 왔어요.

   ① 출국했어요?　② 입국했어요?　③ 비자를 만들었어요?

4. 가: 그 나라는 ____________
   나: 아니요. 이 나라는 비자가 필요 없어요.

   ① 비자를 신청해요?　② 비자가 필요해요?　③ 비자 신청서를 써요?

**I.** 읽고 질문에 대답해 보세요.

저는 다음 달에 미국에 갈 거예요. 그래서 오늘 여권을 신청하러 집 근처 구청에 갔어요. 신분증과 사진을 가지고 갔어요. 그 곳에는 사람들이 아주 많았어요. 구청 직원들은 친절했어요. 저는 먼저 번호표를 받고 신청서를 썼어요.

직원이 제 번호를 불렀어요. 저는 신청서를 내고 "여권이 언제 나올까요?" 라고 물었어요. 직원은 "보통 3일 정도 걸리니까 다음 주 월요일에 나올 거예요. 집으로 보내드릴까요?"라고 물었어요. " 아니요, 제가 찾으러 올 거예요."라고 대답했어요. 우리 집은 구청에서 가까우니까 저는 직접 찾으러 올 거예요.

1. 이 사람은 왜 구청에 갔어요?

______________________________

2. 무엇이 필요하지 않아요? (　　)

① 신분증　　② 사진　　③ 신청서　　④ 비자

3. 맞으면 o, 틀리면 ×에 표시해 보세요.

1) 신청서를 쓰고 번호표를 받았어요. ( o / × )
2) 사람이 많아서 이주일 정도 걸려요. ( o / × )
3) 신청을 하고 밥을 먹었어요. ( o / × )

• 구청(local district office)　• 번호표(number ticket)

## II. 공공기관에서 무엇을 했습니까? 써 보세요.

1. 먼저 생각해 보세요.

| | |
|---|---|
| 어디에 갔어요? | |
| 무엇을 했어요? | |
| 시간이 얼마나 걸렸어요? | |

2. 공공기관에 간 이야기를 써 보세요.

저는 ________________ 에 갔어요.

# Korean Culture



If you would like to tour Korea, visit the "Korea Tourism Organization"'s homepage(www.visitkorea.or.kr). Click on 〈대한민국 구석구석〉 (The nooks and crannies of Korea). Here, you can learn useful pieces of travel information. You can also call the service line at 1330. The line is open 24 hours a day regardless of weekends and holidays. You can receive directions as well as translations from the hotline.

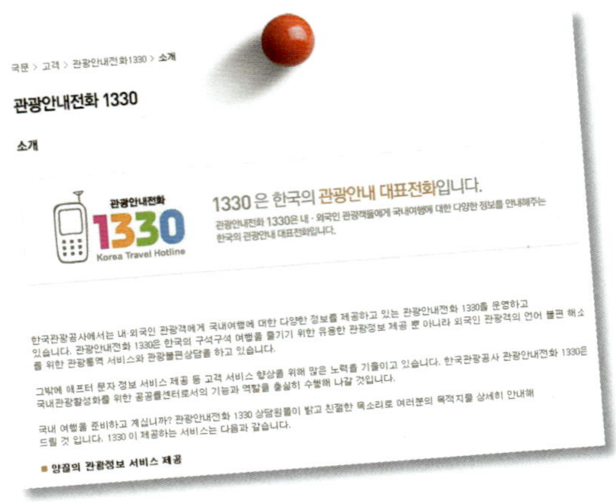

# 쇼핑

## Shopping

학습 목표

### 11-1 어서 오세요. 뭘 찾으세요?

- 쇼핑과 색깔 관련 어휘를 배운다.
- 관형형 '–(으)ㄴ N'과 'ㅎ불규칙 동사'를 배운다.
- 물건을 사는 대화를 할 수 있다.
- 한국의 시장과 백화점에 대해 이해한다.

- Learn words related to shopping and colors.
- Learn the modifier '–(으)ㄴ' and 'ㅎ irregular verbs'.
- To be able to talk about purchasing items.
- Understand Korean markets and department stores.

### 11-2 요즘 어떤 옷이 유행이에요?

- 쇼핑과 선물 관련 어휘를 배운다.
- '에게'와 '–어 주세요'를 배운다.
- 물건 값을 깎는 대화를 할 수 있다.
- 한국의 옷가게에 대해 이해한다.

- Learn words related to shopping and gifts.
- Learn '에게' and '–어 주세요'.
- To be able to bargain prices down.
- Understand Korean apparel stores.

# 11-1 어서 오세요. 뭘 찾으세요?

Hello. Are you looking for something?

Loading Dialogue: Making a purchase

직　원: 어서 오세요. 뭘 찾으세요?

이지민: 짧은 치마 있어요?

직　원: 이 빨간 치마는 어때요? 디자인이 정말 예뻐요.

이지민: 네, 아주 마음에 들어요.

Worker: Hello. Are you looking for something?

Jimin: Are there any mini-skirts?

Worker: How about this red skirt? It is really cute.

Jimin: Yes, I like it a lot.

**대답해 보세요**

1. 지금 지민이는 어디에 있어요? (　　)
   ① 꽃가게　② 빵가게
   ③ 옷가게　④ 선물가게

2. 지민이는 무슨 색 치마를 마음에 들어 해요? (　　)
   ① 빨간색　② 노란색
   ③ 파란색　④ 검은색

**어휘 New Vocabulary**

어서 오세요 Please come in, how can I help you?
뭘 찾으세요? [뭘 차즈세요] What are you looking for?
짧다 [짤따] to be short.
치마 skirt
빨갛다 [빨가타] to be red
디자인 design
마음에 들다 I like it

# 문법 Grammar

Loading

## ① ____________(으)ㄴ N

앞말인 상태동사가 뒤에 있는 명사를 수식할 때 사용한다. 그 상태가 현재임을 보여준다.

The preceding descriptive verb describes the noun that follows. The present state is described.

| 받침 ○ → -은 | | 받침 × → -ㄴ | |
|---|---|---|---|
| 좋다 | 좋은 | 나쁘다 | 나쁜 |
| 짧다 | 짧은 | 싸다 | 싼 |

아래 동사들은 '-는'을 사용한다.
있다 → 있는, 없다 → 없는

The following verbs use '-는' in the pattern.
있다 → 있는, 없다 → 없는

- **짧은** 치마 있어요?
- **예쁜** 꽃이 피었어요.
- 서울에서 **유명한** 관광지가 어디입니까?
- **맛있는** 음식을 소개해 주세요.

## ② ㅎ불규칙 동사

'ㅎ'으로 끝난 동사 중에 '으'나 다른 모음이 오면 'ㅎ'이 탈락하는 동사가 있다.

When some verbs that end in 'ㅎ' is followed by '으' or any other vowel, the 'ㅎ' drops out.

| | ㅎ동사 + -(으)ㄴ | ㅎ동사 + -어요/아요 |
|---|---|---|
| 빨갛다 | 빨간 | 빨개요 |
| 노랗다 | 노란 | 노래요 |

- **빨간** 원피스가 아주 잘 어울려요.
- 가방이 **노래요**.
- 하늘이 높고 **파래요**.

## 문법 연습 Grammar Practice

**I.** '-(으)ㄴ'을 사용해서 바꿔 보세요.

1. 예쁘다 / 옷 → ________________.
2. 크다 / 가방 → ________________.
3. 밝다 / 색 → ________________.

**II.** 다음 단어를 사용하여 대화를 완성해 보세요.

1. 가: 무슨 색을 좋아해요?
   나: ________________색을 좋아해요.
   (파랗다)
2. 가: 이 가방이 ________________?
   (어떻다)
   나: 마음에 들어요.
3. 가: 어느 사과를 살까요?
   나: 저 크고 ________ 사과를 사고 싶어요.
   (빨갛다)

### 정리해 보세요

**I.** 다음 밑줄 친 부분이 맞으면 ○, 틀리면 ×에 표시해 보세요.

1. 노란 꽃이 예쁩니다. ( ○ / × )
2. 맛있은 음식을 먹고 싶어요. ( ○ / × )
3. 사과가 아주 빨개요. ( ○ / × )

**II.** 다음 ______에 들어갈 알맞은 말을 고르세요.

1. ______ 바지를 입습니다.

   ① 파랗 ② 파라 ③ 파란

2. 공원에 ______ 꽃이 많습니다.

   ① 예쁘는 ② 예쁜 ③ 예쁜는

## 듣기 Listening

다음은 지민이와 직원의 대화입니다. 잘 듣고 다음 질문에 대답해 보세요.

1. 지민이는 무엇을 찾습니까? (　　)
   ① 치마　　② 바지　　③ 블라우스　　④ 티셔츠

2. 들은 이야기와 같으면 O, 다르면 ×에 표시해 보세요.
   1) 지민이는 노란색 티셔츠가 마음에 안 듭니다. ( O / × )
   2) 두 사람은 집에서 이야기를 합니다. ( O / × )

## 말하기 Speaking

I. 〈보기〉와 같이 쇼핑하는 대화를 해 보세요.

보기

지민: 이 분홍색 치마 어때요?
직원: 좋아요. 아주 잘 어울려요.
지민: 이 하얀색 운동화는 어때요?
직원: 그것도 정말 예뻐요. 아주 귀여워요.

가: ____________________?
나: ____________________.
가: ____________________?
나: ____________________.

## 어휘 플러스 Vocabulary Plus

### 색깔

| | | |
|---|---|---|
| 색깔 | color | 예 무슨 색깔을 좋아하세요? |
| 빨간색 | red | 예 저는 빨간색을 좋아해요. |
| 파란색 | blue | 예 저는 파란색을 싫어해요. |
| 노란색 | yellow | 예 저는 노란색 스카프를 샀어요. |
| 검은색 | black | 예 검은색 구두가 잘 어울려요. |
| 분홍색 | pink | 예 분홍색 치마는 어때요? |
| 흰색 | white | 예 흰색 티셔츠가 참 예뻐요. |
| 다른 색깔 있어요? | Does this come in another color? | 예 같은 디자인으로 다른 색깔 있어요? |
| 다른 디자인 있어요? | Does this come in another design? | 예 같은 색깔로 다른 디자인 있어요? |

### 쇼핑 장소

| | | |
|---|---|---|
| 남대문 시장 | Namdaemun Market | 예 남대문 시장은 정말 커요. |
| 동대문 시장 | Dongdaemun Market | 예 저는 동대문 시장을 더 좋아해요. |
| 백화점 | department store | 예 백화점은 깨끗하고 편해서 좋아요. |
| 쇼핑몰 | shopping mall | 예 코엑스 쇼핑몰에 구경을 가고 싶어요. |
| 옷 가게 | clothing store | 예 이대 근처에는 옷 가게가 많아요. |
| 신발 가게 | shoe store | 예 저 신발 가게에서 운동화를 샀어요. |
| 가방 가게 | bag store | 예 여행 가방을 사러 가방 가게에 갔어요. |
| 선물 가게 | gift store | 예 선물 가게에 한번 가 보세요. |
| 꽃 가게 | flower shop | 예 저 꽃 가게에서 장미꽃을 살까요? |
| 값이 얼마예요? | How much is it? | 예 이 티셔츠 값이 얼마예요? |

**확인해 보세요**

I. 서로 관계있는 것끼리 연결해 보세요.

| | | |
|---|---|---|
| 1. 값이 얼마예요? | • | • 가) 가방을 사고 싶어요. |
| 2. 다른 디자인 있어요? | • | • 나) 네. 여기 있어요 |
| 3. 다른 색깔 있어요? | • | • 다) 파란색과 노란색도 있어요. |
| 4. 뭘 찾으세요? | • | • 라) 5천 원이에요. |

## Ⅱ. 〈보기〉에서 알맞은 말을 찾아서 써 보세요.

| 보기 | 꽃 가게 | 백화점 | 시장 | 가방 가게 | 신발 가게 |
|---|---|---|---|---|---|

1. 장미꽃을 사고 싶습니다. ________________.
2. 운동화를 사고 싶습니다. ________________.
3. 물건이 많고 직원들이 아주 친절합니다. ________________.
4. 남대문과 동대문이 유명합니다. 물건값이 쌉니다. ________________.

## 정리해 보세요

### I. 다음 밑줄 친 단어의 쓰임이 맞으면 O, 틀리면 ×에 표시해 보세요..

1. 꽃 가게에서 신발을 샀어요. ( O / × )
2. 가방 가게에서 예쁜 가방을 봤어요. ( O / × )
3. 나는 분홍색 옷을 샀어요. ( O / × )

### Ⅱ. 다음 ______에 들어갈 알맞은 말을 고르세요.

1\.
가: ____________________
나: 네, 여기에 여러 색깔의 옷이 있어요.

① 다른 색깔 있어요? ② 다른 디자인 있어요? ③ 값이 얼마예요?

2\.
가: 여행 가방을 사고 싶어요.
나: 그럼 ____________에 가세요.

① 신발 가게 ② 가방 가게 ③ 선물 가게

• 장미꽃(rose) • 운동화(sneakers) • 유명하다(to be famous)

# 읽기 Reading

## Ⅰ. 다음 단어를 알아보세요.

| 세일하다, 수영복, 기회, 놓치다 |
|---|

1. 다음 주부터 30% (　　　　)으니까/니까 그때 사세요.
2. 아침에 늦게 일어나서 버스를 (　　　　)었어요/았어요.
3. 백화점에 가서 (　　　　)을/를 샀어요.
4. 이번 시험에 떨어졌지만 앞으로 (　　　　)이/가 많으니까 포기하지 마세요.

## Ⅱ. 다음을 읽어 보세요.

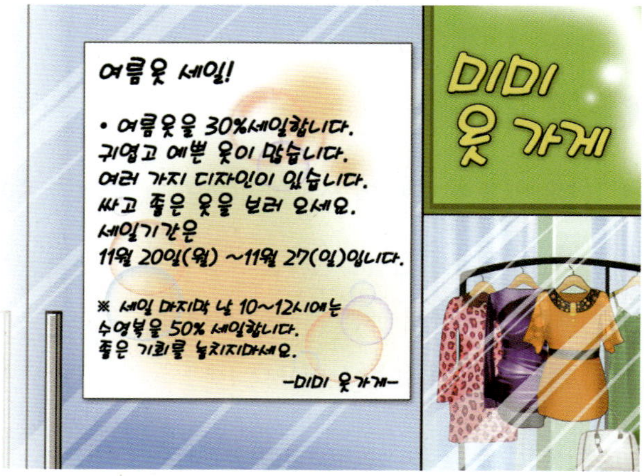


1. 무엇을 세일합니까?

   ______________________.

2. 언제 수영복을 50% 세일합니까? (　　)

   ① 월요일 오전
   ② 수요일 오후
   ③ 토요일 오후
   ④ 일요일 오전

3. 맞으면 O, 틀리면 X에 표시해 보세요.

   1) 세일은 20일에 시작해요. ( O / X )
   2) 옷이 비싸지만 예뻐요. ( O / X )
   3) 세일기간은 일주일이에요. ( O / X )

## Ⅲ. 광고를 만들고 발표해 보세요.

○○ 백화점

세일 기간: ______________ ~ ________________

치마: 20% 세일

바지: ____________ 티셔츠: ____________ 운동화: ______________

* 좋은 기회를 놓치지 마세요!

• 세일하다(to be on sale) • 수영복(swimsuit) • 기회(chance/opportunity) • 놓치다(to miss) • 포기하다(to give up)

Korean Culture



Although Korea does have traditional open air markets, many Koreans visit large superstores or supermarkets to purchase items. This is due to the diversity of the items as well as the affordable prices. When looking for foreign or luxurious items, you can visit a department store. The prices at a department store are comparatively more expensive, so many people visit during the periods of discounts and sales.

# 11-2 요즘 어떤 옷이 유행이에요?

What's in style these days?

Loading Dialogue: Bargaining

이지민: 요즘 어떤 옷이 유행이에요?
외국인 친구에게 선물할 거예요.

직 원: 이 파란색 티셔츠 어때요?

이지민: 네, 좋아요. 좀 깎아 주세요.

직 원: 그럼 2천 원 깎아 드릴게요.

Jimin: What's in style these days?
I want to buy a gift to my foreign friend.
Worker: How's this blue t-shirt?
Jimin: Yes, I'll take it. Can I have a discount?
Worker: I'll take 2,000 won off.

**어휘** New Vocabulary

어떤 which
옷 [옫] clothes
유행이다 to be trendy, in style
외국인 [외구긴] foreigner
티셔츠 t-shirt
선물하다 to give a present
깎다 [깍따] to have a discount

**대답해 보세요**

1. 지민이는 누구에게 선물하고 싶어 해요? (  )
   ① 한국 친구 ② 고향 친구
   ③ 학교 친구 ④ 외국인 친구

2. 옷가게 주인은 얼마를 깎아 주었어요? (  )
   ① 1천 원 ② 2천 원 ③ 3천 원 ④ 4천 원

# 문법
Grammar

Loading

## ① ________에게

- (사람이나 동물을 나타내는 명사의 뒤에 붙어) 행동의 대상을 나타낸다.
- '에게'의 존댓말은 '께'이다.
- 구어에서는 '한테'를 자주 쓴다.

- (Attached to end of a verb) This indicates the target of the action.
- The formal form of '에게' is '께'.
- In colloquial speech '한테' is often used.

• 외국인 **친구에게** 선물할 거예요.
• **고양이에게** 우유를 줘요.
• **어머니께** 자주 전화를 드려요?
• **동생한테** 이메일을 보냈어요.

## ② ________어/아 주세요.

- (동작동사의 뒤에 붙어) 다른 사람에게 부탁할 때 사용한다.

- (Attached to end of a verb) This is used when requesting a favor from someone.

| ㅏ, ㅗ → -아 주세요 | | ㅓ, ㅜ, ㅐ .... → -어 주세요 | | 하다 → -해 주세요 | |
|---|---|---|---|---|---|
| 깎다 | 깎아 주세요 | 기다리다 | 기다려 주세요 | 노래하다 | 노래해 주세요 |
| 놀다 | 놀아 주세요 | 보이다 | 보여 주세요 | 일하다 | 일해 주세요 |

- 공손하게 말할 때 쓴다.

- This is used when making the request politely.

• 좀 **깎아 주세요.**
• 볼펜 좀 **빌려 주세요.**
• 조용히 **해 주세요.**

## 문법 연습 Grammar Practice

**I. '에게'를 사용하여 문장을 만들어 보세요.**

1. 친구 / 편지를 보냈어요. ➔ ______________________.
2. 동생 / 말했어요? ➔ ______________________?
3. 아버지 / 드리고 싶어요 ➔ ______________________.

**II. '-어/아 주세요'를 사용하여 대화를 완성해 보세요.**

1. **가:** 너무 비싸요
   **나:** 좀 ______________________.
   깎다
2. **가:** 어서 오세요. 뭘 찾으세요?
   **나:** 스카프 좀 ______________________.
   보이다

### 정리해 보세요

**I. 다음 밑줄 친 부분이 맞으면 O, 틀리면 X에 표시해 보세요.**

1. 저는 선생님께 이메일을 보냈어요. ( O / X )
2. 도서관에서는 좀 조용히 공부하아 주세요. ( O / X )
3. 생일에 동생에 선물을 줘요. ( O / X )

**II. 다음 _______에 들어갈 알맞은 말을 고르세요.**

1. 이 꽃은 친구____ 줄 거예요.

   ① 가 ② 에게 ③ 하고

2. **가:** 우체국에서 무엇을 했어요? **나:** 친구____ 편지를 보냈어요.

   ① 한테 ② 를 ③ 는

3. **가:** 미안해요. 지우개가 없어요. 지우개 좀 _______ 주세요.
   **나:** 네, 여기 있어요.

   ① 빌려 ② 빌리고 ③ 빌리는

## 듣기 Listening

다음은 지민 씨와 직원의 대화입니다. 잘 듣고 다음 질문에 대답해 보세요.

1. 지민 씨는 누구에게 무엇을 선물하고 싶습니까?(　　)
   ① 어머니 – 티셔츠　　② 아버지 – 티셔츠　　③ 아버지 – 넥타이　　④ 어머니 – 스웨터
2. 들은 이야기와 같으면 O, 다르면 ×에 표시해 보세요.
   ① 직원은 2천 원을 깎아 주었습니다.　( O / × )
   ② 스웨터는 노란색입니다.　( O / × )

## 말하기 Speaking

I. 〈보기〉와 같이 물건 값을 깎는 대화를 해 보세요.

보기

**지민**: 이거 얼마예요?
**직원**: 5만 원이에요.
**지민**: 5만 원이요? 너무 비싸요. 좀 깎아 주세요.
**직원**: 그럼 5천 원 깎아 드릴게요.

가: ______________________?
나: ______________________.
가: ______________________.
나: ______________________.

# 어휘 플러스 Vocabulary Plus

## 복장

| | | |
|---|---|---|
| 스카프 | scarf | 예 봄에 스카프를 많이 해요. |
| 넥타이 | necktie | 예 다른 색깔 넥타이도 있어요? |
| 지갑 | wallet | 예 지갑을 좀 보여 주세요. |
| 화장품 | makeup | 예 어머니께 화장품을 선물할 거예요. |
| 스웨터 | sweater | 예 따뜻한 스웨터를 사고 싶어요. |
| 티셔츠 | t-shirt | 예 티셔츠가 얼마예요? |
| 치마 | skirt | 예 치마가 너무 짧아요. |
| 바지 | pants | 예 바지가 너무 길어요. |
| 원피스 | dress | 예 원피스가 정말 잘 어울려요. |
| 코트 | coat | 예 따뜻한 코트를 사고 싶어요. |
| 모자 | hat | 예 모자를 쓰고 나가세요. |

## 쇼핑

| | | |
|---|---|---|
| 유행해요 | to be trendy | 예 요즘 짧은 치마가 유행해요. |
| 인기가 있다 | to be popular | 예 학생들에게 아주 인기가 있어요. |
| 디자인이 좋다 | to be a good design | 예 디자인도 좋고 색깔도 예뻐요. |
| 선물을 받다 | to receive a present | 예 생일날 선물을 받았어요. |
| 얼마예요? | How much is it? | 예 이 스웨터 얼마예요? |
| 깎아 주세요. | Please give me a discount. | 예 좀 깎아 주세요. |
| 깎아 드릴게요. | I will cut the price. | 예 그럼 5천 원 깎아 드릴게요. |
| 또 오세요. | Please come again. | 예 다음에 또 오세요. |
| 보여 주세요. | Please show me. | 예 다른 디자인도 좀 보여 주세요 |
| 포장해 주세요. | Please package it. | 예 예쁘게 포장해 주세요. |

**확인해 보세요**

I. 〈보기〉에서 알맞은 말을 찾아서 써 보세요.

보기 인기가 있어요　깎아 주세요　유행해요　포장해 주세요

1. 가: 요즘 사람들이 그 옷을 많이 입고 다녀요.
   나: 네, 요즘 이 옷이 ________________.

2. 가: 학생들이 준수 씨를 정말 좋아해요
   나: 네, 학교에서 준수 씨가 정말 __________.

3. 가: 9만 원입니다.
나: 너무 비싸요. ____________.

4. 가: 선물할 거예요?
나: 네, 선물할 거예요. ____________.

**Ⅱ. 서로 관계있는 것끼리 연결해 보세요.**

1. 스카프, 화장품 •　　　　• 가) 아버지 선물
2. 원피스, 치마 •　　　　• 나) 어머니 선물
3. 티셔츠, 모자 •　　　　• 다) 여동생 선물
4. 넥타이, 서류 가방 •　　　　• 다) 남동생 선물

## ● 정리해 보세요 ●

**Ⅰ. 다음 ______에 들어갈 알맞은 말을 고르세요.**

1.

가: 무슨 옷을 입었어요?
나: __________하고 치마를 입었어요.

① 티셔츠　② 스웨터　③ 스카프

2.

가: 무슨 옷을 입었어요?
나: ________을/를 입었어요.

① 모자　② 바지　③ 원피스

3.
가: 요즘 무슨 옷이 ____________?
나: 이 빨간색 스웨터가 인기가 있어요.

① 얼마예요　② 보여 주세요　③ 유행해요

**Ⅱ. 다음 밑줄 친 단어의 쓰임이 맞으면 ○, 틀리면 ×에 표시해 보세요.**

1. 친구에게 선물할 거니까 포장해 주세요. ( ○ / × )
2. 모자가 너무 비싸요. 또 오세요. ( ○ / × )
3. 요즘 유행하는 디자인이에요. 사람들이 이 디자인을 좋아해요. ( ○ / × )

• 서류 가방(briefcase)

## 읽고 쓰기 Reading and Writing

I. 읽고 질문에 대답해 보세요.

유미 씨와 영선 씨는 지난 일요일에 옷을 사러 동대문 시장에 갔어요. 11월이니까 미리 겨울옷을 사러 갔어요. 동대문 시장에는 싸고 좋은 옷이 많이 있어요. 그래서 항상 사람이 많아요. 먼저 두꺼운 코트를 사러 갔어요. 옷가게에는 싸고 예쁜 코트가 많이 있었어요. 유미 씨는 까만색 코트를 샀어요. 영선 씨는 귀여운 모자와 스카프를 샀어요. "좀 깎아 주세요."라고 말했지만 가게 주인이 " 미안해요. 깎아 주고 싶지만 안 돼요."라고 말했어요. 쇼핑 후에 유미 씨와 영선 씨는 동대문 시장 근처 식당에서 국수를 먹었어요.

1. 일요일에 어디에 갔어요? (　　)

   ① 동대문 시장　　② 남대문 시장　　③ 백화점　　④ 쇼핑몰

2. 유미 씨와 영선 씨는 무엇을 샀어요?

   유미: ______________________________.

   영선: ______________________________.

3. 맞으면 ○, 틀리면 ×에 표시해 보세요.

   1) 동대문 시장이 가까워서 좋아요.　( ○ / × )

   2) 옷값을 깎아 줬어요.　( ○ / × )

   3) 쇼핑을 하고 식당에 갔어요.　( ○ / × )

• 귀엽다(to be cute)

## Ⅱ. 어디에서 자주 쇼핑을 합니까? 써 보세요.

1. 먼저 생각해 보세요.

| | |
|---|---|
| 어디에 자주 가요? | |
| 거기에 무엇이 있어요? | |
| 왜 그곳을 좋아해요? | |

2. 쇼핑 이야기를 써 보세요.

저는 ________________에 자주 가요.

그곳에는 ________________________________

________________________________________

________________________________________

________________________________________

________________________________________

________________________________________

Korean Culture

## Korean Apparel Stores

If you would like to shop for trendy clothes in Korea, you can visit the large fashion stores at Dongdaemun(East Gate) or the traditional clothing market in Namdaemun(South Gate). In Seoul's Gangnam district's designated special fashion zones of Apgujeong and Cheongdam, you can find many personal clothing stores and streets filled with shops related to fashion. Recently the number of Koreans purchasing clothes online has been increasing and a lot of online shopping malls have been formed.

# 교통

## Transportation

학습 목표

### 12-1 회사까지 어떻게 오세요?

- 교통 관련 어휘를 배운다.
- '(으)로'와 '–(으)세요?'를 배운다.
- 교통편에 대해서 대화를 할 수 있다.
- 한국의 대중 교통을 이해한다.

- Learn words related to transportation.
- Learn '(으)로' and '–(으)세요'.
- To be able to talk about transportation.
- Understand public transporation in Korea.

### 12-2 사거리에서 오른쪽으로 가세요.

- 방향 관련 어휘를 배운다.
- '에서~까지'와 '(으)로'를 배운다.
- 길을 묻고 찾아가는 대화를 할 수 있다.
- 한국의 지하철을 이해한다.

- Learn words related to directions.
- Learn '에서 ~ 까지' and '(으)로'.
- To be able to ask for and give directions.
- Understand the subway in Korea.

# 12-1 회사까지 어떻게 오세요?

How do you commute to work?

Loading Dialogue: Discussing Methods of Transportation

김 과장: 이 부장님, 지금 어디에 사세요?
이재훈: 방배동에 살아요.
김 과장: 회사까지 어떻게 오세요?
이재훈: 지하철로 와요. 지하철로 한 30분 걸려요.

Mr. Kim: Mr. Lee, where do you currently live?
Jaehoon: I live in Bangbaedong.
Mr. Kim: How do you commute to work?
Jaehoon: I take the subway. It takes me around 30 minutes.

**대답해 보세요**

1. 이 부장은 회사까지 어떻게 와요? (　　)

① 버스　　② 지하철
③ 자전거　　④ 기차

2. 이 부장 집에서 회사까지 얼마나 걸려요? (　　)

① 30분　　② 40분
③ 한 시간　　④ 한 시간 30분

**어휘 New Vocabulary**

살다 to live
어떻게 [어떠케] how
지하철 subway
걸리다 to take time
한 about

## 문법 Grammar

Loading

### 1 ______________(으)로

(명사의 뒤에 붙어) 도구나 수단을 나타낸다.

(Attached to the back of a noun) This indicates the noun is a way or a method.

| 받침 ○ → 으로 | | ㄹ 받침, 받침 × → 로 | |
|---|---|---|---|
| 트럭 | 트럭으로 | 자동차 | 자동차로 |
| 항공편 | 항공편으로 | 지하철 | 지하철로 |

- 트럭**으로** 짐을 싣고 가요.
- 택시**로** 갈까요?
- 지하철**로** 와요.

### 2 ______________(으)세요. ______________(으)세요?

(동사의 뒤에 붙어) 무엇에 대해 설명하거나 물어볼 때 쓴다.

주어를 높일 때 사용하며 현재에 이루어지는 동작을 표현한다.

(Attached to the end of a verb) This is used when explaining or asking about something.

This is used when showing respect to the subject of the sentence and when the action is taking place in the present.

| 받침 ○ → -으세요 | | 받침 × → -세요 | |
|---|---|---|---|
| 좋다 | 좋으세요 | 아름답다 | 아름다우세요 |
| 앉다 | 앉으세요 | 보다 | 보세요 |

다음 어휘들은 높이는 말로 다른 단어를 사용한다.
먹다 ⇒ 잡수시다 ⇒ 잡수세요.
자다 ⇒ 주무시다 ⇒ 주무세요

For the following words, a special word is used instead of the grammatical pattern.
먹다 ⇒ 잡수시다 ⇒ 잡수세요.
자다 ⇒ 주무시다 ⇒ 주무세요

- 지금 어디에 **사세요?** (살다 ⇒ 사세요)
- 아버지는 지금 신문을 **읽으세요.** (읽다 ⇒ 읽으세요)
- 할머니께서 지금 **주무세요.** (자다 ⇒ 주무세요)
- 선생님은 언제 서울에 **가세요?** (가다 ⇒ 가세요)

## 문법 연습 Grammar Practice

Ⅰ. 알맞은 것에 ○ 표시해 보세요.

1. 가: 부산까지 어떻게 갈까요? 나: 고속버스(로, 으로) 가요.
2. 가: 선물을 비행기로 보냈어요? 나: 아니요, 배(로, 으로) 보냈어요.
3. 가: 학교까지 보통 어떻게 와요? 나: 지하철(로, 으로) 와요.

Ⅱ. '-(으)세요'를 사용해서 대화를 완성해 보세요.

1. 가: 어머니께서 무엇을 하세요? 나: 지금 ________________(으)세요. (요리하다)
2. 가: 아버지께서 무엇을 하세요? 나: 지금 ________________(으)세요. (신문을 읽다)
3. 가: 어디에 ________(으)세요? (살다) 나: 학교 근처에 살아요.

### 정리해 보세요

Ⅰ. 다음 밑줄 친 부분이 맞으면 ○, 틀리면 ×에 표시해 보세요.

1. 준수는 아침에 <u>지하철으로</u> 회사에 가요. ( ○ / × )
2. 할아버지는 지금 잠을 <u>자세요</u>. ( ○ / × )
3. 어머니께서 의자에 <u>앉으세요</u>. ( ○ / × )

Ⅱ. 다음 ______에 들어갈 알맞은 말을 고르세요..

1. 가: 어떻게 집에 가요? 나: ______ 집에 가요.

① 버스로 ② 버스를 ③ 버스에서

2. 가: 아버지께서는 지금 뭐 하세요? 나: 아버지께서는 책을 ________.

① 읽었어요 ② 읽으세요 ③ 읽어요

3. 할머니께서 맛있는 음식을 ________.

① 먹었어요. ② 먹으셨어요. ③ 잡수셨어요.

• 신문(newspaper)

## 듣기 Listening

다음은 이재훈 씨와 김 과장의 대화입니다. 듣고 다음 질문에 답해 보세요.

1. 김 과장은 지금 어디에 삽니까? (　　)
   ① 여의도　② 명동　③ 인사동　④ 아현동

2. 들은 이야기와 같으면 O, 다르면 ×에 표시해 보세요.
   1) 김 과장은 회사까지 지하철로 옵니다. ( O / × )
   2) 김 과장은 회사까지 한 30분쯤 걸립니다. ( O / × )

## 말하기 Speaking

I. 〈보기〉와 같이 대화해 보세요.

보기
준수: 혜진 씨는 어디에 살아요?
혜진: 강남에 살아요.
준수: 학교까지 어떻게 와요?
혜진: 버스로 와요. 한 40분 걸려요.

가: ______________________?
나: ______________________.
가: ______________________?
나: ______________________.

## 어휘 플러스 Vocabulary Plus

### 교통 수단

| | | |
|---|---|---|
| 버스 | bus | 예 버스가 자주 있어요? |
| 자동차 | automobile/car | 예 길에 자동차가 아주 많아요. |
| 자전거 | bicycle | 예 자전거를 타는 사람이 많아요. |
| 배 | boat | 예 배로 소포를 보냈어요. |
| 비행기 | airplane | 예 비행기로 왔어요. |
| 시내버스 | city bus | 예 시내버스는 몇 분마다 있어요? |
| 고속버스 | express bus | 예 고속버스는 어디에서 타요? |
| 택시 | taxi | 예 택시 요금이 얼마예요? |

### 교통 관련 장소

| | | |
|---|---|---|
| 횡단보도 | crosswalk | 예 횡단보도로 건너세요. |
| 지하도 | underpass | 예 지하도가 어디에 있습니까? |
| 육교 | pedestrian overpass | 예 육교 앞에서 기다리세요. |
| 버스 정류장 | bus stop | 예 저기 버스 정류장에서 기다리세요. |
| 고속버스 터미널 | express bus terminal | 예 고속버스터미널에 몇 번 버스가 가요? |

**확인해 보세요**

I. 서로 관계있는 것끼리 연결해 보세요.

| | |
|---|---|
| 1. 느리지만 건강에 아주 좋아요. • | • 가) 고속버스 |
| 2. 비싸지만 편리해서 좋아요. • | • 나) 비행기 |
| 3. 고속도로를 달려가요. • | • 다) 자전거 |
| 4. 이것을 타고 유럽 여행을 갑니다. • | • 라) 택시 |

• 느리다(to be slow)

**Ⅱ. 〈보기〉에서 알맞은 말을 찾아서 써 보세요.**

보기 버스 정류장　　고속버스 터미널　　육교　　지하도

1. 버스를 기다립니다. 버스를 타고 내립니다. ____________________.
2. 다른 도시에 갑니다. 여기에서 버스를 탑니다. ____________________.
3. 길을 건넙니다. 보통 횡단보도, 육교, ____________로/으로 건넙니다.

## ● 정리해 보세요 ●

**Ⅰ. 다음 밑줄 친 단어의 쓰임이 맞으면 ○, 틀리면 ×에 표시해 보세요..**

1.  이것은 제 자동차입니다. ( ○ / × )
2.  비행기를 타고 미국에 가요. ( ○ / × )
3.  지하도로 건너가요. ( ○ / × )
4.  버스 정류장이 어디에 있어요? ( ○ / × )

## 읽기 Reading

**I.** 다음 단어를 알아보세요.

요금, 일반실, 특실, 첫 차, 마지막 차

1. 이번 달에 버스 ( )이/가 1100원으로 올랐어요.
2. 기차는 일반실과 ( )이/가 있어요. 일반실은 ( )보다 값이 싸요.
3. 부산행 KTX ( )은/는 아침 5시 30분에 있어요.
4. 부산행 KTX ( )은/는 밤 11시에 있어요.

**II.** 다음을 읽어 보세요.

**서울 ▶ 부산**
**7월 18일 오전 9: 00 ▶ 11: 40**
**KTX 일반실 15호차 7B석**
**요금: 53,000원**

※ 첫 차는 5: 30에 있습니다.
마지막 차는 23: 00에 있습니다.
※ 일반실은 53,000원입니다
특실은 74,600원입니다.

1. 무슨 표입니까? ( )

   ① 고속버스 표 ② 지하철 표 ③ 기차표 ④ 비행기 표

2. 얼마나 걸립니까? ________________.

3. 맞으면 O, 틀리면 ×에 표시해 보세요.

   1) 부산에서 KTX를 타요. ( O / × )
   2) 오전에 KTX가 출발해요. ( O / × )
   3) 이 표는 특실이어서 일반실보다 더 비싸요. ( O / × )

**III.** 어떻게 가요? 이야기해 보세요.

보기 집 ➔ 학교 : 학교까지 버스로 가요.

1. 서울 → 제주도
2. 부산 → 경주
3. 교실 → 도서관
4. 인천 공항 → 서울

• 요금(charge) • 일반실(standard room) • 특실(vip room) • 첫차(the first train) • 막차(the last train)

## Public Transportation in Korea

When we refer to public transportation in Korea, we are referring to the subway, bus, and taxi. Even if there are many cars that congest traffic, buses use the bus-designated lane allowing buses to travel faster than other cars. The Korean public transportation system is cheap as well so using public transportation allows you to save both time and money.

# 12-2 사거리에서 오른쪽으로 가세요.

Take a right at the intersection.

Dialogue: Asking for Directions

**행 인:** 여기에서 CUK 백화점까지 어떻게 가요?
**이준수:** 다음 사거리에서 오른쪽으로 가세요.
**행 인:** 사거리에서 멀어요?
**이준수:** 아니요, 걸어서 3분쯤 걸려요.

**Pedestrian:** How do I get to the CUK department store?
**Junsu:** Take a right at the next intersection.
**Pedestrian:** Is it far from the intersection?
**Junsu:** No, it takes around 3 minutes on foot.

**대답해 보세요**

1. 다음 사거리에서 어디로 가요? (    )
   ① 앞 ② 뒤
   ③ 오른쪽 ④ 왼쪽

2. 걸어서 얼마나 걸려요? (    )
   ① 1분 ② 2분
   ③ 3분 ④ 4분

**어휘 New Vocabulary**

여기 here
어떻게 [어떠케] how
사거리 intersection
오른쪽 right side
멀다 to be far

# 문법 Grammar

Loading

## ① ________에서 ________까지

- (장소 명사 뒤에 붙어) 출발지와 도착지를 말할 때 사용한다.
- 시간 명사 뒤에 쓰여, 시작과 끝을 말할 때도 사용한다.

- (Attached to the back of a place noun) This is used to indicate the starting point and destination.
- This can also be used to indicate a start and finish time.

• 여기**에서** CUK 백화점**까지** 어떻게 가요?
• 서울**에서** 제주도**까지** 얼마나 걸려요?
• 회사**에서** 집**까지** 어떻게 가요?
• 3시**에서** 4시**까지** 공부를 해요.

## ② __________(으)로

- (장소 명사 뒤에 붙어) 방향을 나타낼 때 사용한다.

- (Attached to the back of a place noun) This is used when indicating a direction.

| 받침 ㅇ → 으로 | | 받침 ×, ㄹ받침 → 로 | |
|---|---|---|---|
| 오른쪽 | 오른쪽으로 | 위 | 위로 |
| 기차역 | 기차역으로 | 서울 | 서울로 |

• 다음 사거리에서 오른쪽**으로** 가세요.
• 이 버스는 동대문**으로** 갑니다.
• 서울**로** 가는 기차가 지금 도착합니다.

## 문법 연습 Grammar Practice

**I. '에서, 까지'를 사용해서 대화를 완성해 보세요.**

1. 가: 집______ 학교 _____ 어떻게 가요? 나: 버스로 가요.
2. 가: 여기______ 거기______ 얼마나 걸려요? 나: 한 40분쯤 걸릴 거예요.
3. 가: 이 기차는 어디______ 출발했어요? 나: 서울역이요.

**II. '(으)로'를 사용해서 대화를 완성해 보세요.**

1. 가: 사거리에서 어디로 가요? 나: ____________________________. (오른쪽)
2. 가: 백화점에서 어디로 가요? 나: ____________________________. (똑바로)

### 정리해 보세요

**I. 다음 밑줄 친 부분이 맞으면 O, 틀리면 ×에 표시해 보세요.**

1. 여기에서 왼쪽로 돌아가세요. ( O / × )
2. 학교에 집까지 30분이 걸려요. ( O / × )
3. 도서관에서 몇 시까지 공부해요? ( O / × )

**II. 다음 _______에 들어갈 알맞은 말을 고르세요.**

1. 가: 백화점은 여기에서 얼마나 걸려요?
   나: 여기에서 백화점_____ 버스로 10분이 걸려요.

   ① 을 ② 까지 ③ 에서

2. 가: 도서관에 언제까지 있었어요?
   나: 1시_____ 4시까지 도서관에 있었어요.

   ① 에서 ② 까지 ③ 가

3. 이 지하철은 시청______ 갑니다.

   ① 으로 ② 에서 ③ 과

## 듣기 Listening

다음은 이준수 씨와 여자의 대화입니다. 잘 듣고 다음 질문에 대답해 보세요.

1. 여자는 어디까지 갑니까?(　　)
   ① 경복궁　　② 덕수궁　　③ 사거리　　④ 왼쪽

2. 들은 이야기와 같으면 O, 다르면 ×에 표시해 보세요.
   1) 다음 사거리에서 왼쪽으로 갑니다. ( O / × )
   2) 걸어서 10분쯤 걸립니다. ( O / × )

## 말하기 Speaking

I. 배운 어휘와 문법을 사용하여 대화해 보세요.

1. 가: 집에서 (학교)까지 어떻게 가요?
   나: ________________________.
2. 가: 집에서 (학교)까지 얼마나 걸려요?
   나: ________________________.
3. 가: 서울에서 (뉴욕)까지 얼마나 걸려요?
   나: ________________________.

## 어휘 플러스 Vocabulary Plus

### 방향

| | | |
|---|---|---|
| 왼쪽 | left | 예 왼쪽으로 가세요. |
| 오른쪽 | right | 예 은행의 오른쪽에 약국이 있습니다. |
| 건너편 | other side | 예 건너편에 큰 가게가 있습니다. |
| 이쪽 | this way | 예 이쪽으로 오세요. |
| 그쪽 | that way | 예 그쪽으로 가지 마세요. |
| 저쪽 | that way over there | 예 저쪽에 있는 사람들이 누구예요? |
| 동쪽 | east | 예 동쪽에서 해가 떠요. |
| 서쪽 | west | 예 인천은 서울의 서쪽에 있어요. |
| 남쪽 | south | 예 남쪽으로 가세요. |
| 북쪽 | north | 예 북쪽으로 가세요. |
| 똑바로 | straight | 예 똑바로 걸어서 10분만 가세요. |
| 직진 | go straight | 예 직진하세요. |
| 우회전 | right turn | 예 사거리에서 우회전하세요. |
| 좌회전 | left turn | 예 사거리에서 좌회전하세요. |
| 유턴 | u-turn | 예 여기에서는 유턴이 안 돼요. |

**확인해 보세요**

I. 그림을 보고 알맞은 말을 써 보세요.

북쪽

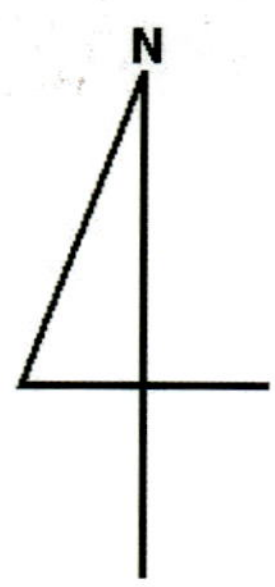


2. ____________

1. ____________

3. ____________

Ⅱ. 〈보기〉에서 알맞은 말을 찾아서 써 보세요.

| 보기 | 우회전 | 좌회전 | 직진 | 유턴 |
|---|---|---|---|---|

1. 똑바로 가세요. ____________________.
2. 오른쪽으로 가세요. ____________________.
3. 왼쪽으로 가세요. ____________________.

## 정리해 보세요

I. 다음 <u>밑줄 친 단어</u>의 쓰임이 맞으면 ○, 틀리면 ×에 표시해 보세요.

1.  여기에서 <u>직진하세요</u>. ( ○ / × )

2.  여기에서 <u>유턴하세요</u>. ( ○ / × )

Ⅱ. 다음 ________에 들어갈 알맞은 말을 고르세요.

1.

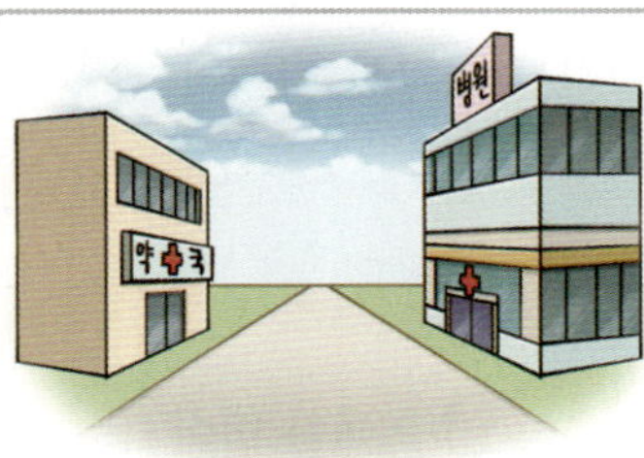


가: 병원이 어디에 있어요?

나: 병원은 약국 ______에 있어요.

① 남쪽 ② 왼쪽 ③ 건너편

2.

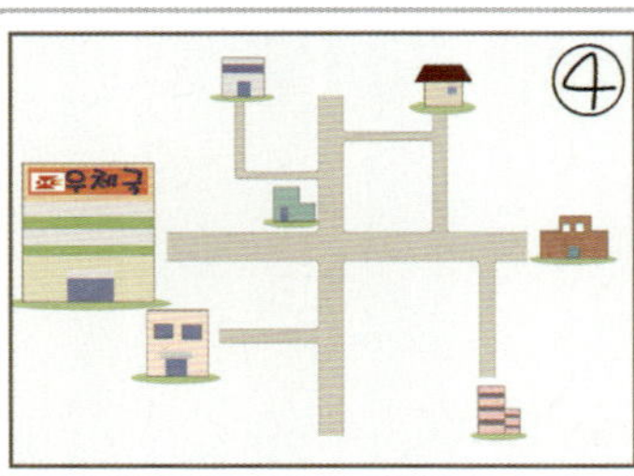


가: 우체국이 어디에 있어요?

나: 우체국은 마을 ______에 있어요.

① 서쪽 ② 북쪽 ③ 동쪽

I. 읽고 질문에 대답해 보세요.

오늘 미국에 있는 친구가 한국에 올 거예요. 그 친구는 고등학교 때 미국으로 공부를 하러 갔어요. 저는 공항에 나갈 거예요. 버스와 지하철을 타고 갈 거예요. 집에서 공항까지 한 시간 삼십분쯤 걸려요.

우리 집에서 버스 정류장까지 걸어서 10분 걸려요. 201번 버스를 타고 서울역에 가요. 서울역까지 20분쯤 걸려요. 그리고 서울역에서 지하철을 타요. 지하철이 빠르고 편해요. 서울역에서 공항까지 한 시간쯤 걸려요. 빨리 친구를 만나서 이야기하고 싶어요.

1. 왜 공항에 가요? (　　)

① 여행을 가서　② 친구가 와서　③ 회사 일이 있어서　④ 초대를 받아서

2. 무엇을 타고 공항까지 어떻게 가요?

집 → (　　　　　　) → (　　　　　　) → 공항

3. 맞으면 O, 틀리면 X에 표시해 보세요.

1) 친구는 미국으로 일을 하러 갔어요.　( O / X )
2) 집에서 공항까지 한 시간 걸려요.　( O / X )
3) 서울역에서 지하철을 탈 거예요.　( O / X )

**Ⅱ.** 어디에 어떻게 갔습니까? 써 보세요.

1. 먼저 생각해 보세요.

| | |
|---|---|
| 언제, 어디에 갔어요? | |
| 무엇을 타고 갔어요? | |
| 시간이 얼마나 걸렸어요? | |

2. 어디에 어떻게 갔는지 써 보세요.

저는 ______________________ 에 갔어요.

# Korean Culture

## Subway in Korea

In the major cities of Korea, there are subway systems that allow people to get to their destination quickly and conveniently. Seoul has 9 different subway lines that all interconnect, which allows you to go anywhere from the heart of Seoul to the outskirts of Seoul. There are subway systems outside of Seoul as well such as in Busan, Daegu, Daejeon, Gwangju, and other metropolitan cities.

# 13 여행

## Traveling

학습 목표

### 13-1 휴가 잘 다녀오셨어요?

- 여행 경험 관련 어휘를 배운다.
- 관형형 '-는'과 'ㄹ불규칙 동사'를 배운다.
- 여행 경험에 대해서 말할 수 있다.
- 한국의 항구도시 부산에 대해 이해한다.

- Learn words related to travel experiences.
- Learn the modifier '-는' and 'ㄹ irregular verbs'.
- To be able to talk about travel experiences.
- Understand Korea's port city: Busan.

### 13-2 먹을 것도 많고 볼 것도 많아요.

- 여행 계획 관련 어휘를 배운다.
- 관형형 '-(으)ㄴ'과 '-(으)ㄹ'를 배운다.
- 여행 계획을 말할 수 있다.
- 한국의 관광휴양지 제주도에 대해 이해한다.

- Learn words related to travel plans.
- Learn the modifiers '-(으)ㄴ' and '-(으)ㄹ'.
- To be able to talk about travel plans.
- Understand Korea's tourist attraction: Jejudo.

# 13-1 휴가 잘 다녀오셨어요?

Did you enjoy your vacation?

Loading · Dialogue : Describing a Past Trip

**김 과장:** 부장님, 휴가는 잘 다녀오셨어요?

**이재훈:** 네. 부산에 사는 친구가 있어서 가족들하고 같이 갔다 왔어요.

**김 과장:** 부산에서 뭐하셨어요?

**이재훈:** 아이들이 좋아하는 수족관에 갔어요. 아주 멋있었어요.

**Mr. Kim:** Mr. Lee, did you enjoy your vacation?

**Jaehoon:** Yes. I have a friend who lives in Busan so I was able to go with my family.

**Mr. Kim:** What did you do in Busan?

**Jaehoon:** We went to the aquarium. It was magnificent and the kids liked it.

### 대답해 보세요

1. 두 사람이 무슨 이야기를 해요? (　　)
   ① 가족　② 휴가　③ 취미　④ 고향

2. 이재훈 씨는 부산에서 어디에 갔어요? (　　)
   ① 바다　② 시장　③ 수영장　④ 수족관

### 어휘 New Vocabulary

휴가 vacation
다녀오다 to go and come back
부산 Busan
아이 child
취미 hobby
수족관 [수족꽌] aquarium
멋있다 [머싣따 / 머딛따] to be splendid

# 문법 Grammar

Loading

## ① ______________는

- 앞말인 동작동사가 뒤에 있는 명사를 수식할 때 사용한다.
- 그 행동이 현재 일어나고 있음을 나타낸다.
- 가다(받침 없는 동작동사 뒤) + 는 → 가는
  먹다(받침 있는 동작동사 뒤) + 는 → 먹는

- The preceding action verb is used to describe the following noun.
- The action is taken place in the present.

• 아이들이 **좋아하는** 수족관에 갔어요.
• 요즘 **읽는** 책이 재미있어요.
• 저 식당이 제가 자주 **가는** 식당이에요.

## ② ㄹ불규칙 동사

- '살다, 달다, 멀다, 팔다'와 같은 동사는 'ㅅ, ㄴ, ㅂ' 앞에서 'ㄹ'이 탈락된다.

- Verbs such as '살다, 달다, 멀다, 팔다' are irregular, and when followed by 'ㅅ, ㄴ, ㅂ', the 'ㄹ' is removed.

| ㄹ 동사 | -ㅂ니다 | -니까 | -는 |
|---|---|---|---|
| 멀다 | 멉니다 | 머니까 | |
| 살다 | 삽니다 | 사니까 | 사는 |
| 달다 | 답니다 | 다니까 | |
| 팔다 | 팝니다 | 파니까 | 파는 |
| 알다 | 압니다 | 아니까 | 아는 |

• 부산에 **사는** 친구가 있어서 가족들하고 같이 갔다 왔어요.
• 약속 장소까지 **머니까** 일찍 출발하세요.
• 저 가게는 맛있는 사과를 **팝니다**.

## 문법 연습 Grammar Practice

**I. '-는'을 사용하여 다음을 완성해 보세요.**

1. 요즘 ________________ 문법이 조금 어려워요.
   공부하다
2. ____________________ 사람이 제 여자 친구예요.
   저기 지금 오다
3. 가: ________________ 음식이 뭐예요? 나: 저는 불고기를 좋아해요.
   좋아하다
4. 가: 지금 노래를 ____________ 사람이 누구예요? 나: 제 동생이에요.
   부르다

**II. 다음 문장을 완성해 보세요.**

1. 지민이 전화번호를 ________ 사람 있습니까?
   알다
2. 수업이 끝나고 보통 친구들과 ________니다.
   놀다
3. 가: 집이 가깝습니까? 나: 아니요. ____________________니다.
   멀다

### 정리해 보세요

**I. 다음 밑줄 친 부분이 맞으면 o, 틀리면 ×에 표시해 보세요.**

1. 저 사람은 내가 잘 아는 친구입니다. ( o / × )
2. 여기가 바로 제가 가장 좋아하는 식당이에요. ( o / × )
3. 친구와 놀으니까 시간이 빨리 가요. ( o / × )
4. 우리 집은 학교에서 멀습니다. ( o / × )

**II. 다음 _______에 들어갈 알맞은 말을 고르세요..**

1. 가: 유미가 누구예요? 나: 저기 앞에 ______ 사람이 유미예요.

   ① 가는 ② 가고 ③ 가지만

2. 가: 이 케이크를 _______ 곳이 어디예요?
   나: 저 빵집에서 그 케이크를 팔아요.

   ① 팔는 ② 팔은 ③ 파는

• 전화번호(phone number)

## 듣기 Listening

다음은 김유미 씨와 조영선 씨의 대화입니다. 잘 듣고 다음 질문에 대답하세요.

1. 유미 씨는 휴가에 어디에 다녀왔어요? (      )
   ① 속초   ② 부산   ③ 경주   ④ 울산

2. 들은 이야기와 같으면 O, 다르면 ×에 표시해 보세요.
   ① 유미 씨는 친구하고 휴가를 갔어요. ( O / × )
   ② 유미 씨 아이들은 놀이공원을 좋아해요. ( O / × )

## 말하기 Speaking

I. 〈보기〉와 같이 쇼핑하는 대화를 해 보세요.

**보기**

가: 휴가는 잘 다녀왔어요?
나: 네, 친구와 함께 제주도에 갔다 왔어요.
가: 제주도에서 뭐 했어요?
나: 요즘 인기있는 박물관에 갔어요.

가: ______씨, 휴가는 잘 다녀왔어요?
나: 네, ______________갔다 왔어요.
가: ______________에서 뭐 했어요?
나: ____________________ 갔어요.

## 어휘 플러스 Vocabulary Plus

### 여가 장소

| | | |
|---|---|---|
| 식물원 | botanical garden | 예 식물원에서 아름다운 꽃을 구경했어요. |
| 동물원 | zoo | 예 동물원에서 호랑이를 직접 보고 싶어요. |
| 박물관 | museum | 예 박물관에 가서 옛날 물건을 봤어요. |
| 찜질방 | jjimjilbang | 예 한국에 가면 찜질방에 한 번 가 보세요. |
| 스키장 | ski slope | 예 겨울이 되면 스키장에 가고 싶어요. |
| 놀이공원 | amusement park | 예 놀이공원에서 롤러코스터를 탔어요. |
| 해수욕장 | beach | 예 해수욕장에서 수영을 하는 사람이 많아요. |

### 여가

| | | |
|---|---|---|
| 피서를 가다 | to go on a summer vacation | 예 보통 8월에 피서를 가요. |
| 수영을 하다 | to swim | 예 해수욕장에서 수영을 했어요. |
| 야영을 하다 | to camp | 예 야영을 할 때 모기를 조심하세요. |
| 단풍 구경을 하다 | to go to see the autumn colors | 예 가을에 단풍 구경을 가요. |
| 꽃놀이를 가다 | to go to see flowers | 예 봄에는 꽃놀이를 가는 사람이 많아요. |

**확인해 보세요**

I. 다음 그림에 맞는 말을 찾아보세요.

1

2

3

4

가) 단풍 구경을 가다　나) 수영을 하다　다) 야영을 가다　라) 꽃놀이를 하다

II. 배운 어휘로 대화를 완성해 보세요.

1. 가: 지난 주말에 무엇을 했어요?
   나: ________에 갔어요. 사자와 코끼리를 구경했어요.

2. 가: 한국의 옛날 물건들을 보고 싶어요.
   나: 그럼 ________에 가세요. 거기에 옛날 물건이 많아요.

● 정리해 보세요 ●

I. 다음 밑줄 친 단어의 쓰임이 맞으면 ○, 틀리면 ×에 표시해 보세요..

1. 찜질방에서 몸을 씻었어요. ( ○ / × )
2. 저는 겨울에 꽃놀이를 갈 거예요. ( ○ / × )
3. 준수 씨는 여름휴가에 피서를 갈 거예요. ( ○ / × )

II. 다음 ______에 들어갈 알맞은 말을 고르세요.

1.
가: 지난 주말에 무엇을 했어요?
나: 가족들과 ______에서 꽃과 나무를 구경했어요.

① 해수욕장 ② 식물원 ③ 동물원

2.
가: 겨울에는 스키를 타고 싶어요.
나: 그럼 이번 겨울방학에 ________에 갈까요?

① 찜질방 ② 놀이공원 ③ 스키장

• 사자(lion) • 코끼리(elephant) • 옛날 물건(old product/item)

## 읽기 Reading

**I. 다음 단어를 알아보세요.**

| 유명하다, 관광지, 시티투어 버스 |
|---|

1. 서울 광화문에서 (　　　　)을/를 타고 편하게 서울을 구경하세요.
2. 제주도는 신혼 여행지로 (　　　　)어요/아요.
3. 명동은 외국인들에게 인기가 많은 (　　　　)이에요/예요.

**II. 다음을 읽어 보세요.**

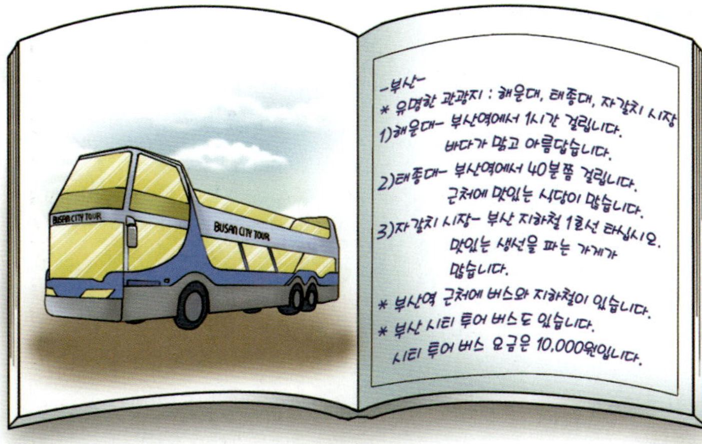


1. 어디를 소개합니까? (　　)
   ① 인천
   ② 대구
   ③ 서울
   ④ 부산

2. 맞는 것을 연결해 보세요.

| | | |
|---|---|---|
| 1) 해운대 • | | • 가) 생선을 파는 가게가 있어요 |
| 2) 태종대 • | | • 나) 부산역에서 40분 걸려요 |
| 3) 자갈치 시장 • | | • 다) 바다가 맑고 아름다워요 |

3. 맞으면 O, 틀리면 ×에 표시해 보세요.
   1) 해운대는 부산역에서 가까워요. ( O / × )
   2) 부산에는 시티투어 버스가 있어요. ( O / × )
   3) 자갈치 시장은 지하철 2호선 근처에 있어요. ( O / × )

**III. 고향에서 유명한 관광지는 어디입니까? 소개해 보세요.**

| 오키나와 | 발리 | 라스베이거스 | 파리 |
|---|---|---|---|

• 시티투어(city tour) • 신혼 여행지(destination of honeymoon) • 외국인(foreigner) • 인기(popularity) • 생선(fish)

## Korea's Port City : Busan

Busan is Korea's primary port city and has been a center for commerce and exchange on allowing for its growth. Along with Seoul, Busan hosts numerous international events. BEXCO is one of the largest exhibitions. There are also other various international exhibitions and displays that are held in Busan.

# 13-2 먹을 것도 많고 볼 것도 많아요.

There are so many things to eat and places to see.

Loading Dialogue: Discussing Vacation Plans

**김유미**: 이번 연휴에 계획 있어요?
**조영선**: 가족들하고 제주도에 갈 거예요.
**김유미**: 우리 가족도 작년에 갔어요. 제주도는 먹을 것도 많고, 볼 것도 많아서 좋아요.
**조영선**: 그럼 작년에 간 식당 좀 가르쳐 주세요.

**Yumi**: Do you have plans for this holiday?
**Youngsun**: I'm going to Jejudo with my family.
**Yumi**: I went there with my family last year. There are so many things to eat and places to see in Jejudo.
**Youngsun**: Then please tell me about some of the restaurants you visited last year?

### 대답해 보세요

1. 영선 씨는 언제 제주도에 갈 거예요? (　　)
   ① 내일　② 이번 연휴　③ 연말　④ 이번 주말
2. 제주도는 무엇이 많아서 좋아요? 모두 고르세요. (　　)
   ① 먹을 것　② 놀 것　③ 볼 것　④ 탈 것

### 어휘 New Vocabulary

계획 plan
제주도 Jeju Island, Jeju-do
작년 [장년] last year
식당 [식땅] restaurant
가르쳐 주세요 please tell me

# 문법
Grammar

Loading

## ① ________(으)ㄴ

- 앞말인 동작동사가 뒤에 있는 명사를 수식할 때 사용한다.
- 그 행동이 과거에 일어난 것을 보여준다.

- The preceding action verb is used to describe the following noun.
- This action takes place in the past.

| 받침 ○ → -은 | | 받침 × → -ㄴ | |
|---|---|---|---|
| 먹다 | 먹은 | 자다 | 잔 |
| 앉다 | 앉은 | 공부하다 | 공부한 |

- 작년에 **간** 식당 좀 가르쳐 주세요.
- 지난달에 **읽은** 책을 어제 다시 읽었어요.
- 어제 **입은** 바지를 오늘 또 입었어요.

## ② __________(으)ㄹ

- 앞말인 동작동사가 뒤에 있는 명사를 수식할 때 사용한다
- 그 행동이 미래에 일어날 것을 보여준다.

- The preceding action verb is used to describe the following noun.
- This action takes place in the future.

| 받침 ○ → -을 | | 받침 × → -ㄹ | |
|---|---|---|---|
| 먹다 | 먹을 | 자다 | 잘 |
| 앉다 | 앉을 | 공부하다 | 공부할 |

- **먹을** 것도 많고 **볼** 것도 많아서 좋아요.
- 이 책이 우리가 함께 **읽을** 책이에요.
- 오늘 저녁에 **갈** 식당을 예약했어요.

## 문법 연습 Grammar Practice

**Ⅰ. '-(으)ㄴ'을 사용하여 다음을 완성해 보세요.**

1. 지난 일요일에 ____________ 영화는 조금 무서웠어요
   보다
2. 안녕하세요? ____________ 샘이에요.
   호주에서 오다
3. 가: 주말에 만난 사람이 누구예요? 나: ____________ 친구예요.
   중학교 때 만나다

**Ⅱ. '-(으)ㄴ, -는, -(으)ㄹ'을 사용하여 다음을 완성해 보세요.**

> 오늘은 날씨가 아주 더웠어요. 수업이 끝나고 친구와 한식집에 갔어요. ① 저는 불고기를 먹었어요. 그 불고기는 아주 맛있었어요. ② 친구는 김치찌개를 먹었어요. 그 김치찌개는 매웠어요. ③ 그 식당이 깨끗하고 맛있어서 또 갈 거예요. ④ 내일은 친구와 서점에 갈 거예요. ⑤ 한국어 책을 살 거예요.

→ 오늘은 더운 날씨였어요. 수업이 끝나고 친구와 한식집에 갔어요. ① 저는 ________ 불고기를 먹었어요. ② 친구는 ______ 김치찌개를 먹었어요. ③ 우리가 ___ 식당이 깨끗하고 맛있어서 또 갈 거예요. ④ 내일 친구와 ___ 곳은 서점이에요. ⑤ 내일 ____ 물건은 한국어 책이에요.

**Ⅲ. 다음 ______에 들어갈 알맞은 말을 고르세요.**

1. 어제 극장에서 ____ 영화예요. 아주 재미있어요.

   ① 보는 ② 본 ③ 볼

2. 내일 _____ 친구에게 전화했어요.

   ① 만났던 ② 만난 ③ 만날

**정리해 보세요**

**Ⅰ. 다음 밑줄 친 부분이 맞으면 o, 틀리면 ×에 표시해 보세요.**

1. 이것은 어제 <u>읽는</u> 책이에요. ( o / × )
2. 내일 서울에 <u>간</u> 사람은 누구예요? ( o / × )
3. 저녁에 <u>먹을</u> 빵을 샀어요. ( o / × )

• 무섭다(to be scary)

## 듣기 Listening

다음은 준수 씨와 혜진 씨의 대화입니다. 잘 듣고 다음 질문에 대답해 보세요.

1. 혜진 씨는 이번 방학에 어디에 갈 거예요?(　　)
   ① 공주　　② 경주　　③ 양주　　④ 전주

2. 들은 이야기와 같으면 O, 다르면 ×에 표시해 보세요.
   1) 혜진 씨는 가족들과 같이 갈 거예요. ( O / × )
   2) 준수 씨는 이번 방학에 갈 거예요. ( O / × )

## 말하기 Speaking

I. 배운 어휘와 문법을 사용하여 대화해 보세요.

1. 가: 내일 무슨 영화를 볼 거예요?
   나: ______________________.
2. 가: 오늘 저녁에 뭘 먹을 거예요?
   나: ______________________.
3. 가: 주말에 뭐 할 거예요?
   나: ______________________.

# 어휘 플러스 Vocabulary Plus

## 여행 즐기기

| | | |
|---|---|---|
| 사진을 찍다 | to take a photo | 예 여행지에서 사진을 많이 찍어요. |
| 시내 구경을 하다 | to go sightseeing in the city | 예 친구와 함께 서울 시내 구경을 했어요. |
| 휴양을 하다 | to rest | 예 리조트에서 휴양을 할 거예요. |
| 관광을 하다 | to go sightseeing | 예 아침부터 버스로 관광을 했어요. |
| 쇼핑을 하다 | to go shopping | 예 동대문 시장에서 쇼핑을 했어요. |
| 문화 체험을 하다 | to have a cultural experience | 예 한국 문화 체험을 하고 싶어요. |

## 여행 계획

| | | |
|---|---|---|
| 출발하다 | to leave | 예 아침 9시에 출발합시다. |
| 도착하다 | to arrive | 예 1시쯤에 부산에 도착했어요. |
| (길이) 막히다 | to have heavy traffic | 예 길이 많이 막혀서 늦었어요. |
| (시간이) 걸리다 | to take time | 예 서울에서 부산까지 5시간쯤 걸려요. |
| 숙소를 정하다 | to choose a place to lodge | 예 숙소를 바다 근처 호텔로 정했어요. |
| 여행지에서 만나다 | to meet at the travel destination | 예 그 친구는 여행지에서 만나서 친해졌어요. |
| 여행지를 추천하다 | to recommend a place to travel | 예 여름에 좋은 여행지를 추천해 주세요. |

**확인해 보세요**

I. 다음 그림에 맞는 말을 찾아보세요.

1

2

3

4

가) 휴양을 하다　　나) 사진을 찍다　　다) 시내 구경을 하다　　라) 쇼핑을 하다

**II. 배운 어휘로 이야기를 완성해 보세요.**

지난 주말에 친구와 경주에 갔어요. 서울 고속 터미널에서 오전 9시에 1. ___________. 그런데 고속도로에 차가 많아서 길이 2. ________. 경주에 오후 2시에 3. ___________. 서울에서 경주까지 5시간 4. __________.

## ● 정리해 보세요 ●

**I. 다음 밑줄 친 단어의 쓰임이 맞으면 ○, 틀리면 ×에 표시해 보세요.**

1. 부산에 갈 사람들은 9시에 부산에서 출발할 거예요. ( ○ / × )
2. 이번 여름휴가에는 바닷가에서 휴양하고 싶어요. ( ○ / × )

**II. 다음 _______에 들어갈 알맞은 말을 고르세요.**

1.
가: _________________________
나: 네, 여행지 근처의 펜션이 숙소예요.

① 숙소를 정했어요? ② 시간이 걸렸어요? ③ 여행지에서 만났어요?

2.
가: _______________________________.
나: 그럼 제주도는 어때요?

① 문화 체험을 해 주세요 ② 여행지를 추천해 주세요 ③ 출발해 주세요

3.
가: 서울에 갔어요?
나: 네, 이것은 서울에서 ________ 사진이에요.

① 쇼핑한 ② 만난 ③ 찍은

# 읽고 쓰기 Reading and Writing

I. 읽고 질문에 대답해 보세요.

우리 가족은 작년 여름에 제주도로 여행을 갔어요. 제주도에는 먹을 것도 많고 볼 것도 많았어요. 우리는 먼저 식사를 하고 '천지연 폭포'를 구경하러 갔어요. '천지연 폭포' 앞에는 사람들이 많았어요. 우리도 표를 사고 안으로 들어갔어요. 여기저기에 사진을 찍는 사람들, 구경하는 사람들, 즐겁게 이야기하는 사람들이 있었어요. 우리 가족도 사진을 찍었어요. 폭포를 구경하고 저녁을 먹었어요. 저녁은 제주도에서 유명한 국수를 먹었어요. 다음 날은 한라산에 올라갔어요. 한라산은 높아서 올라가기가 힘들었지만 경치가 참 아름다웠어요. 그리고 그 다음 날 아침에 비행기를 타고 돌아왔어요

1. 제주도에서 어디에 갔어요?

   첫째 날: ____________________　　둘째 날: ____________________

2. 폭포 근처에 어떤 사람들이 있었어요? (　　)

   ① 사진을 찍는 사람들　　② 물건을 사는 사람들
   ③ 물건을 파는 사람들　　④ 음식을 먹는 사람들

3. 맞으면 O, 틀리면 ×에 표시해 보세요.

   1) 올해 연휴에 제주도에 갔어요.　( O / × )
   2) 2일 동안 제주도에 있었어요.　( O / × )
   3) 한라산은 올라가기가 어렵지 않았어요.　( O / × )

• 폭포(waterfall)　• 천지연 폭포(Cheonjiyeon waterfall)

## Ⅱ. 여행 이야기를 써 보세요.

1. 먼저 생각해 보세요.

| | |
|---|---|
| 언제, 어디에, 누구와 갔어요? | |
| 그 곳은 어땠어요? | |
| 거기에서 무엇을 했어요? | |

2. 여행 이야기를 써 보세요.

지난 여름에 ______________________.

______________________ 함께 갔어요.

그곳은 ______________________.

거기에서 ______________________.

______________________

______________________

______________________

______________________

______________________

*Korean* **Culture**



Loading

Jejudo is an island off the south coast of Korea. It is often referred to as the Samdado, signifying the 3 elements that Jejudo is plentiful in : Stones, women, and wind. Jejudo is the most popular destination in Korea for tourism and honeymoons, and is home to the ocean, Mt. Halla, olle roads, fresh seafood, haenyo, and fresh citrus. Recently, more attractions such as art halls and museums have opened in Jejudo.

# 전화

## Phone

학습 목표

### 14-1 늦으면 전화할게요.

- 전화 관련 어휘를 배운다.
- '-(으)면'과 '-(으)ㄹ게요'를 배운다.
- 전화번호를 말할 수 있다.
- 한국의 예약과 배달 문화를 이해한다.

- Learn words related to phones.
- Learn '-(으)면' and '-(으)ㄹ게요'.
- To be able to ask for and give telephone numbers.
- Understand making reservations and delivery in Korea.

### 14-2 점심 먹은 후에 영화를 볼까요?

- 전화 관련 어휘를 배운다.
- '-(으)ㄴ 후에'와 '-기 전에'를 배운다.
- 전화로 약속을 할 수 있다.
- 한국의 유명 거리를 이해한다.

- Learn words related to phones.
- Learn '-(으)ㄴ 후에' and '-기 전에'.
- To be able to make an appointment by phone.
- Understand hot spots in Korea.

# 14-1 늦으면 전화할게요.

I will call if I'm running late.

Loading Dialogue : Exchanging Phone Numbers

이재훈: 여보세요? 토요일 저녁 6시에 예약을 하고 싶어요.

직　원: 성함하고 전화번호 좀 말씀해 주세요.

이재훈: 제 이름은 이재훈이고, 전화번호는 010-5337-3010이에요.

직　원: 네, 늦으면 전화 주세요.

이재훈: 네, 늦으면 전화할게요.

Jaehoon: Hello? I would like to make a reservation for 6 o'clock this Saturday evening.

Worker: May I have your name and phone number please ?

Jaehoon: My name is Jaehoon Lee. My phone number is 010-5337-3010.

Worker: Ok. Please call if you are running late.

Jaehoon: Ok, I will call if I'm running late.

### 대답해 보세요

1. 이재훈 씨는 왜 전화했어요? (　　)

   ① 예약하고 싶어서　② 식당 전화번호를 알고 싶어서

   ③ 예약 시간에 늦어서　④ 주문하고 싶어서

2. 이재훈 씨는 전화번호는 몇 번이에요? (　　)

   ① 010-5347-3020　② 010-5337-3010

   ③ 010-5347-3010　④ 010-5337-3020

### 어휘 New Vocabulary

여보세요 Hello?
예약 reservation
성함 name (formal)
전화번호 phone number
말씀하다 to speak (formal)
늦다 [늗따] to be late

# 문법
Grammar

Loading

## ① ________(으)면

- 앞선 동작이나 상태의 가정이나 조건을 표현할 때 사용한다.
- This is used when there is a condition to a sentence. The preceding action or state is the condition of the following sentence.

| 받침 ○ → -으면 | | 받침 × → -면 | | ㄹ 받침 → -면 | |
|---|---|---|---|---|---|
| 좋다 | 좋으면 | 예쁘다 | 예쁘면 | 멀다 | 멀면 |
| 먹다 | 먹으면 | 자다 | 자면 | 놀다 | 놀면 |

- **늦으면** 전화 주세요.
- 시간이 **있으면** 여행을 하고 싶어요.
- 열심히 **공부하면** 한국말을 더 잘 할 수 있어요.

## ② ________(으)ㄹ게요

- 앞선 동작이 미래의 일에 대한 화자의 의지와 약속을 표현할 때 사용한다.
- 동작동사와 함께 쓰며, 상태동사와는 함께 쓰지 않는다.
- This is used to indicate the willingness and commitment to the preceding action.
- This is used with action verbs and not with descriptive verbs.

| 받침 ○ → -을게요 | | 받침 ×, → -ㄹ게요 | |
|---|---|---|---|
| 먹다 | 먹을게요 | 약속하다 | 약속할게요 |
| 입다 | 입을게요 | 주다 | 줄게요 |

- 말할 때 주로 쓰며, 글에는 잘 쓰지 않는다.
- 주어는 항상 나(1인칭)이다.
  - 늦으면 **전화할게요.**
  - 내일까지 이 일을 **끝낼게요.**
  - 제가 밥을 **살게요.**
- This is used commonly in speech and is not used very much in writing.
- The subject is always the first person.

## 문법 연습 Grammar Practice

**I.** '-(으)면'을 사용하여 다음을 완성해 보세요.

1. ______________(으)면 시험을 잘 볼 거예요.
   열심히 공부하다
2. 밤에 ______________(으)면 따뜻한 우유를 드세요.
   잠이 오지 않다
3. ______________(으)면 세계 여행을 하고 싶어요.
   돈이 많다
4. ______________(으)면 나무가 보여요.
   창문을 열다

**II.** '-(으)ㄹ게요'를 사용하여 다음을 완성해 보세요.

1. 이따가 ______________(으)ㄹ게요.
   집에 일찍 오다
2. 앞으로 더 ______________(으)ㄹ게요.
   열심히 공부하다
3. 가: 이메일 보내면 꼭 답장하세요. 나: ______________(으)ㄹ게요.
4. 가: 저에게 몇 시쯤 전화하실 거예요? 나: ______________(으)ㄹ게요. (6시쯤)

### 정리해 보세요

**I.** 다음 밑줄 친 부분이 맞으면 ○, 틀리면 ×에 표시해 보세요.

1. 제가 이메일을 보내면 답장을 주세요. ( ○ / × )
2. 책을 다 읽었으면 제자리에 두세요. ( ○ / × )
3. 준수 씨가 옷을 입을게요. ( ○ / × )

**II.** 다음 ______에 들어갈 알맞은 말을 고르세요.

1. 밥을 다 ______ 그릇을 씻어 주세요.

   ① 먹지만 ② 먹으면 ③ 먹으니까

2. 가: 오늘 제가 커피를 ______. 나: 감사합니다. 잘 마시겠습니다.

   ① 살게요 ② 살을게요 ③ 사게요

• 세계여행(world tour) • 답장하다(answer to/reply) • 제자리(in place) • 그릇(bowl)

## 듣기 Listening

지민 씨와 식당 직원의 대화입니다. 다음은 식당 직원의 메모입니다. 듣고 빈칸을 채워 보세요.

| 예약 요일 | □ 월 | □ 화 | □ 수 | □ 목 | □ 금 | □ 토 | □ 일 |
|---|---|---|---|---|---|---|---|
| 예약 시간 | ____ 시 | | | | | | |
| 예약하는 사람 | 성함 | ________________ | | | | | |
| | 전화번호 | 010 - _____ - _____ | | | | | |

## 말하기 Speaking

I. 배운 어휘와 문법을 사용하여 대화해 보세요.

1. 가: 겨울이 되면 뭘 하고 싶어요? 나: ________________.
2. 가: 시간이 많으면 뭘 할 거예요? 나: ________________.
3. 가: 한국에 오면 꼭 연락하세요. 나: 네, ________________.
4. 가: 내일 아침에 회의가 있어요. 일찍 오세요. 나: 네, ________________.

# 어휘 플러스 Vocabulary Plus

## 전화

| | | |
|---|---|---|
| 전화하다 | to call | 예 이따가 전화할게요. |
| 통화하다 | to talk on the phone | 예 제임스 씨와 통화하고 싶어요. |
| 전화를 걸다 | to dial a number | 예 친구에게 전화를 걸었어요. |
| 전화를 잘못 걸다 | to dial the wrong number | 예 전화 잘못 거셨습니다. |
| 전화를 받다 | to pick up the phone | 예 친구가 전화를 받았어요. |
| 전화를 끊다 | to hangup the phone | 예 친구와 이야기를 하고 전화를 끊었어요. |

## 전화 번호 말하기

| | | |
|---|---|---|
| 전화번호가 몇 번이에요? | What is the phone number? | 예 선생님, 전화번호가 몇 번이에요? |
| | | '-'는 '의'로 쓰고 [에]라고 읽는다. |
| 010-9876-3010 | | 공일공 ([에]) 구팔칠육의[에] 삼공일공 |
| 02-6361-1810 | | 공이([에]) 육삼육일의[에] 일팔일공 |

**확인해 보세요**

I. 다음 그림에 맞는 말을 찾아보세요.

1

2

3

4

가) 전화를 받다　　나) 통화하다　　다) 전화를 걸다　　라) 전화를 끊다

Ⅱ. 질문에 답해 보세요.

1. 가: 집 전화번호가 몇 번이에요?
   나: ________________________.

2. 가: 핸드폰 번호는 몇 번이에요?
   나: ________________________.

**● 정리해 보세요 ●**

Ⅰ. 다음 밑줄 친 단어의 쓰임이 맞으면 ㅇ, 틀리면 ×에 표시해 보세요.

1. 준수 씨에게 전화했어요. 준수 씨 어머니께서 전화를 받으셨어요. ( ㅇ / × )
2. 친구와 통화를 다 했어요. 이제 전화를 걸어요. ( ㅇ / × )

Ⅱ. 다음 ______에 들어갈 알맞은 말을 고르세요.

1. 02-657-3412

   가: 전화번호가 몇 번이에요?
   나: 제 전화번호는 ______________번이에요.

   ① 공이의 육오칠의 삼사일이
   ② 공이에 육오칠에 삼사이일
   ③ 공이의 육오칠에 사삼일이

2. 가: 거기 준수 씨 집이에요?
   나: 아니에요. ____________________.

   ① 전화를 끊었어요.
   ② 전화를 잘못 걸었어요.
   ③ 전화를 했어요.

## 읽기 Reading

**Ⅰ. 다음 단어를 알아보세요.**

문자 메시지,　확인하다,　연락하다

1. 친구가 전화를 받지 않아서 (　　　　)을/를 남겼어요.
2. 미나 씨는 미국에 있는 친구와 매일 전화로 (　　　　)어요/아요.
3. 저는 이메일을 받으면 바로 (　　　　)고 답장을 보내요.

**Ⅱ. 다음을 읽어 보세요.**

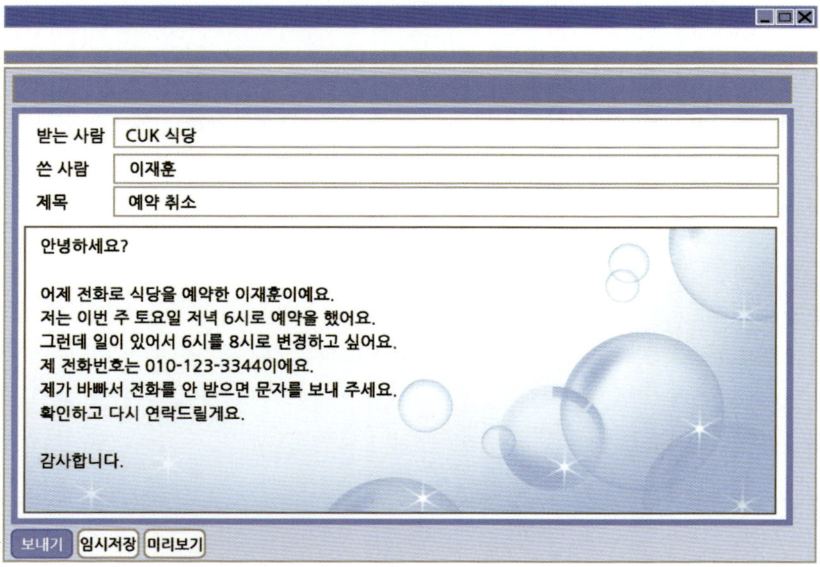
받는 사람 CUK 식당
쓴 사람 이재훈
제목 예약 취소

안녕하세요?

어제 전화로 식당을 예약한 이재훈이에요.
저는 이번 주 토요일 저녁 6시로 예약을 했어요.
그런데 일이 있어서 6시를 8시로 변경하고 싶어요.
제 전화번호는 010-123-3344이에요.
제가 바빠서 전화를 안 받으면 문자를 보내 주세요.
확인하고 다시 연락드릴게요.

감사합니다.

보내기 임시저장 미리보기

1. 왜 이메일을 보냈어요? (　　)
   ① 예약하고 싶어서　　② 예약을 확인하고 싶어서
   ③ 예약 시간을 바꾸고 싶어서　　④ 예약을 취소하고 싶어서

2. 이재훈 씨 전호번호는 몇 번이에요? 한글로 써 보세요.

   ______________________________

3. 맞으면 O, 틀리면 ×에 표시해 보세요.
   1) 이재훈 씨는 토요일에 식당을 예약했어요. ( O / × )
   2) 이재훈 씨는 8시로 예약하고 싶어 해요.　( O / × )
   3) 이재훈 씨가 전화를 안 받으면 직원은 문자를 보낼 거예요. ( O / × )

• 확인하다(to confirm)　• 연락하다(to contact/call)　• 취소하다(to cancel)

Korean Culture

## Making Reservations and Delivery in Korea

If you would like to reserve a public area in Korea, you can either make a phone call or use the internet. The delivery system in Korea is also highly developed. If you purchase items, or order food, you can receive these items at home. If you need something right away, a motorcycle delivery referred to as "quick service" can bring you what you need immediately.

# 14-2 점심 먹은 후에 영화 볼까요?

Would you like to eat lunch and watch a movie?

Loading **대화** Dialogue: Making Appointments over the Phone

김유미: 여보세요? 토요일에 시간이 있어요?

조영선: 그런데 왜요?

김유미: 우리 같이 점심 먹은 후에 영화 볼까요?

조영선: 네. 좋아요. 그런데 오후에는 일이 있으니까 점심 먹기 전에 영화를 봐요.

Yumi: Hello? Do you have time on Saturday?

Youngsun: Yes, why?

Yumi: Would you like to eat lunch and watch a movie?

Youngsun: Yes, sure. But I have work in the afternoon so let's watch a movie before lunch.

## 대답해 보세요

1. 두 사람은 언제 만나요? (　　)

| 일 | 월 | 화 | 수 | 목 | 금 | 토 |
|---|---|---|---|---|---|---|
|  | 1 | 2 | 3 | 4 | 5 | 6 ① |
| 7 ② | 8 | 9 | 10 | 11 ③ | 12 ④ | 13 |
| 14 | 15 | 16 | 17 | 18 | 19 | 20 |

2. 두 사람은 만나서 무엇을 할까요? 맞는 것을 골라서 순서대로 써 보세요.

점심을 먹다　　저녁을 먹다　　영화를 보다　　커피를 마시다

**어휘** New Vocabulary

시간이 있다 [시가니 읻따] to have time
그런데 yes/however, by the way
일이 있다 [이리 읻따] to have something to do
왜 why

## 문법 Grammar

Loading

### ① ________(으)ㄴ 후에

어떤 행동을 먼저 하고 그 후에 다른 행동을 할 때 사용한다.

This is used to describe an action that takes place after another.

| 받침 ○ → -은 후에 | | 받침 × → -ㄴ 후에 | |
|---|---|---|---|
| 닫다 | 닫은 후에 | 가다 | 간 후에 |
| 입다 | 입은 후에 | 공부하다 | 공부한 후에 |

- 우리 같이 점심 **먹은 후에** 영화 볼까요?
- 숙제를 **한 후에** 친구를 만날 거예요.

### ② ________기 전에

앞에 오는 행동보다 시간상 먼저 일이 일어날 때 사용한다.

This is used to describe an action that takes place before the time in the preceding sentence.

- 오후에는 일이 있으니까 점심 **먹기 전에** 영화를 봐요.
- 음식을 **만들기 전에** 손을 씻으세요.
- 한국에 **오기 전에** 한국말을 공부했어요.

## 문법 연습 Grammar Practice

**I. '-(으)ㄴ 후에'를 사용하여 문장을 완성해 보세요.**

1. 이를 닦아요. 세수를 해요.
   ➔ ______________________________.
2. 바지를 입어요. 양말을 신어요.
   ➔ ______________________________.
3. 공부를 해요. 텔레비전을 봐요.
   ➔ ______________________________.

**II. '-기 전에'를 사용하여 문장을 바꿔 보세요.**

1. 신문을 읽은 후에 학교에 가요. ➔ ____________________.
2. 준비 운동을 한 후에 수영을 해요. ➔ ____________________.
3. 샤워를 한 후에 잠옷을 입어요. ➔ ____________________.

### 정리해 보세요

**I. 다음 밑줄 친 부분이 맞으면 ○, 틀리면 ×에 표시해 보세요.**

1. 저는 운동을 하는 후에 물을 마셔요. ( ○ / × )
2. 저는 밥을 먹기 전에 손을 씻어요. ( ○ / × )

**II. 다음 ______에 들어갈 알맞은 말을 고르세요.**

1. 가: 교실에 ________ 무엇을 했어요? 나: 기숙사에서 아침을 먹었어요.
   ① 오기 전에 ② 온 후에 ③ 오고
2. 가: 수업이 ________ 어디에 갈 거예요? 나: 학생회관에 친구를 만나러 갈 거예요.
   ① 끝나기 전에 ② 끝나는 후에 ③ 끝난 후에
3. 가: 우리 언제 만날까요? 나: 오늘 숙제가 많으니까 숙제를 ________ 만나요.
   ① 다 하기 전에 ② 다 하는 후에 ③ 다 한 후에

• 학생회관(student union)

## 듣기 Listening

다음은 혜진 씨와 준수 씨의 전화 대화입니다. 잘 듣고 다음 질문에 대답해 보세요.

1. 두 사람은 무슨 요일에 만날까요? (　　)

① 월요일　② 수요일　③ 토요일　④ 일요일

2. 들은 내용과 같으면 O, 다르면 ×에 표시해 보세요.

1) 혜진 씨가 준수 씨에게 전화를 걸었어요. ( O / × )

2) 두 사람은 식사를 하기 전에 연극을 볼 거예요. ( O / × )

## 말하기 Speaking

I. 표를 보고 대화해 보세요..

| 7: 00~8: 00 | 운동 |
|---|---|
| 9: 00~12: 00 | 수업 |
| 1: 00~2: 00 | 점심 식사 |
| 2: 00~5: 00 | 아르바이트 |
| 5: 00~7: 00 | 친구 |
| 8: 00~10: 00 | 숙제 |
| 10: 00~11: 00 | 드라마 |

1. 가: 아침에 일어난 후에 무엇을 했어요?
나: ______________________.

2. 가: 친구를 만나기 전에 무엇을 했어요?
나: ______________________.

3. 가: ______________________?
나: ______________________.

4. 가: ______________________?
나: ______________________.

## 어휘 플러스 Vocabulary Plus

### 전화 사용하기

| | | |
|---|---|---|
| 전화번호를 누르다 | to dial a phone number | 예 전화번호를 잘못 눌렀어요. |
| 신호가 가다 | the phone signal is ringing | 예 신호는 가는데 전화를 안 받아요. |
| 전화벨이 울리다 | the phone is ringing | 예 집에 들어 왔을 때 전화벨이 울렸어요. |
| 통화 중이다 | the line is busy | 예 통화 중 신호가 울렸어요. |
| 문자를 보내다 | to send a text | 예 한글로 문자를 보낼 수 있어요? |
| 문자 메시지를 보내다 | to send a text message | 예 친구에게 문자 메시지를 보냈어요. |
| 음성 메시지를 남기다 | to leave a voice message | 예 친구가 전화를 받지 않아서 음성 메시지를 남겼어요. |

### 전화할 때 사용하는 표현

- 실례지만, 거기 ________ 이지요?
  고려사이버대학교
  박 선생님 댁
- ____________ 있어요?/계세요?
  지민이/ 박 선생님
- ____________ 좀 바꿔 주세요.
  지민이/ 박 선생님
- 잠깐만 기다리세요.
- 전화 바꿨습니다.

**확인해 보세요**

I. 다음 그림을 보고 배운 어휘를 사용하여 이야기를 완성해 보세요.

1. 준수는 혜진이와 통화를 하고 싶었어요.
   그래서 혜진이 전화번호를 ____________________.
2. 따르릉~ ____________________.
   하지만 혜진이가 전화를 받지 않았어요.
3. 1시간 후에 준수의 ____________________.
4. 전화를 받았어요. 혜진이었어요. 우리는 내일 만날 약속을 했어요.

**Ⅱ.** 준수가 김 선생님과 통화하고 싶어서 고려사이버대학교에 전화를 합니다. 하지만 박 선생님이 받았습니다. 전화 대화를 완성해 보세요.

준수: 여보세요?

박 선생님: 네, 여보세요?

준수: 실례지만, 1.______________?

박 선생님: 네, 그런데요. 누굴 찾으세요?

준수: 김 선생님 2. ______________?

박 선생님: 네, 3. ______________.

(잠시 후)

김 선생님: 네, 4. ______________.

준수: 김 선생님, 안녕하세요? 저 준수예요.

## 정리해 보세요

**Ⅰ.** 다음 밑줄 친 표현의 쓰임이 맞으면 ○, 틀리면 ×에 표시해 보세요.

1. 전화벨이 울리니까 얼른 전화를 받으세요. ( ○ / × )
2. 준수가 전화를 받아서 준수 휴대전화에 음성 메시지를 남겨요. ( ○ / × )

**Ⅱ.** ________에 들어갈 알맞은 말을 고르세요.

1.
가: 준수하고 통화했어요?
나: 아니요, 전화를 했는데 계속 ______________.

① 신호가 가요. ② 통화 중이에요. ③ 문자를 보내요.

2.
가: 유미 좀 바꿔 주세요.
나: ______________.

① 유미 있어요. ② 잠깐만 기다리세요. ③ 실례지만 거기 유미 집이지요?

## 읽고 쓰기 Reading and Writing

**I.** 읽고 질문에 대답해 보세요.

받는 사람: 이미나

쓴 사람: 김유미

제목: 내일 영화를 볼까요?

안녕하세요? 미나 씨.
이번 주 토요일에 저와 영선 씨가 만나서 영화를 볼 거예요. 영화를 본 후에 점심을 먹을 거예요.
우리는 CUK백화점 앞에서 12시에 만날 거예요.
미나 씨도 토요일에 시간이 있어요?
시간이 있으면 같이 영화를 보러 가요.
만나서 이야기하고 싶어요. 영선 씨도 미나 씨를 보고 싶어 해요.
제가 내일 표를 예매할 거예요. 표를 사기 전에 연락해 주세요.
그럼 기다릴게요.

*보고 싶은 영화가 있으면 이야기해 주세요!

보내기 | 임시저장 | 미리보기

1. 왜 유미 씨는 미나 씨에게 이메일을 보냈어요? (　　)
   ① 극장에 같이 가고 싶어서　　② 약속을 취소하고 싶어서
   ③ 같이 쇼핑을 하고 싶어서　　④ 약속 시간을 알고 싶어서

2. 영화를 본 후에 무엇을 할 거예요?

   ______________________________

3. 맞으면 o, 틀리면 x에 표시해 보세요.
   1) 이 사람들은 저녁에 만날 거예요. ( o / x )
   2) 약속 장소는 백화점 앞이에요. ( o / x )
   3) 극장에 가서 표를 살 거예요. ( o / x )

Ⅱ. 여러분이 미나 씨라면 어떻게 답장을 하겠습니까? 써 보세요.

1. 먼저 생각해 보세요.

| 토요일에 시간이 있어요? | |
|---|---|
| 시간이 있으면 무슨 영화를 보고 싶어요? | |
| 시간이 없으면 어떻게 이야기할까요? | |

2. 답장을 써 보세요.

유미씨, 안녕하세요?

_______________ 시간이 있어요. _______________

_______________ 보고싶어요. _______________

_______________________________________________

_______________ 에 _______________ 만나요.

_______________________________________________

_______________________________________________

_______________________________________________

_______________________________________________

_______________________________________________

Korean Culture



There are unique famous areas in Seoul. 'Sinchon' is an area many colleges adjacently share, 'Gangnam' has many theaters and restaurants, 'Hongdae' is home to unique cafes and clubs, 'Hyehwa' is famous for plays, and 'Samcheongdong' is known for its art. 'Insadong' and 'Bukchon' are home to traditional, old-fashioned Hanok villages that have been preserved, and are worth paying a visit for foreign tourists.

# 여가 생활

## Leisure

학습 목표

### 15-1 시간이 있을 때 뭘 해요?

- 취미 관련 어휘를 배운다.
- '-(으)ㄹ 때'와 'ㄷ불규칙 동사'를 배운다.
- 자신의 취미 생활을 말할 수 있다.
- 한국의 공원을 이해한다.

- Learn words related to hobbies.
- Learn '-(으)ㄹ 때' and 'ㄷ irregular verbs'.
- To be able to talk about one's hobbies.
- Understand parks in Korea.

### 15-2 야구보다 축구를 좋아해요.

- 취미 관련 어휘를 배운다.
- '-는데'와 '보다'를 배운다.
- 비교하여 말할 수 있다.
- 한국인의 운동을 이해한다.

- Learn words related to hobbies.
- Learn '-는데' and '보다'
- To be able to compare things.
- Understand Koreans and exercise.

# 15-1 시간이 있을 때 뭘 해요?

What do you like to do in your free time?

Loading Dialogue : Discussing Hobbies

**이지민:** 시간이 있을 때 뭘 해요?

**친 구:** 제 취미는 음악 감상이에요. 신나는 음악을 자주 들어요.

**이지민:** 저는 사진 찍기를 좋아해요. 그래서 여행 갈 때 카메라를 꼭 가지고 가요.

**친 구:** 그럼 다음에 만날 때 사진 좀 보여 주세요.

**Jimin:** What do you like to do in your free time?

**Friend:** I enjoy listening to music. I enjoy energizing music.

**Jimin:** I enjoy taking pictures. So whenever I travel I always take my camera with me.

**Friend:** Why don't you show me some of your pictures the next time we meet?

### 대답해 보세요

지민이와 친구의 취미를 연결해 보세요.

| | | |
|---|---|---|
| | | • 독서 |
| 지민 • | | • 여행 |
| 친구 • | | • 음악 듣기 |
| | | • 사진 찍기 |

### 어휘 New Vocabulary

뭘 what (contracted form)
취미 hobby
음악 감상 [으막 감상] appreciation music
신나다 to be excited
사진 찍기 [사진 찍끼] taking pictures
가지고 가다 to take (with)

## 문법
Grammar

Loading

### ① ________(으)ㄹ 때

어떤 행동이나 상태가 일어나는 시간을 표현할 때 사용한다.

This is used to indicate the time when an action or a state occurs.

| 받침 ○ → -을 때 | | 받침 × → -ㄹ 때 | |
|---|---|---|---|
| 좋다 | 좋을 때 | 예쁘다 | 예쁠 때 |
| 먹다 | 먹을 때 | 공부하다 | 공부할 때 |

- 시간이 **있을 때** 뭘 해요?
- 책을 **읽을 때** 전화가 왔어요.
- 배가 **아플 때** 이 약을 드세요.

### ② ㄷ불규칙 동사

'묻다, 듣다, 걷다, 싣다'와 같은 동사는 모음으로 시작하는 어미와 만나면 'ㄷ'이 'ㄹ'로 바뀐다.

- 신나는 음악을 자주 **들어요**.
- 지나가는 사람에게 길을 **물었어요**.
- 날씨가 좋으니까 같이 **걸을까요**?

In some verbs that end in 'ㄷ', such as '묻다, 듣다, 걷다, 싣다', if the verb stem is followed by a vowel, the 'ㄷ' changes into a 'ㄹ'.

| ㄷ 동사 | -어요/아요 | -(으)니까 | -(으)세요 |
|---|---|---|---|
| 묻다 | 물어요 | 물으니까 | 물으세요 |
| 듣다 | 들어요 | 들으니까 | 들으세요 |
| 싣다 | 실어요 | 실으니까 | 실으세요 |
| 걷다 | 걸어요 | 걸으니까 | 걸으세요 |

'닫다, 믿다'는 규칙동사이다.

- 문을 **닫아요**.
- 친구를 **믿으니까** 같이 가요.

Verbs such as '닫다, 믿다' are regular verbs and do not change.

(문을) 닫다 + 아요 → 닫아요

(친구를) 믿다 + 으니까 → 믿으니까

• 묻다(to ask) • 신나다(to be excited) • 싣다(to load)

# 문법 연습 Grammar Practice

**Ⅰ. '-(으)ㄹ 때'를 사용하여 문장을 완성해 보세요.**

1.  __________사용해요.

2.  __________사용해요.

3.  __________사용해요.

4.  __________사용해요.

**Ⅱ. 다음 문장과 대화를 완성해 보세요.**

1. 길을 모를 때 지나가는 사람에게 __________(묻다)어요/아요.
2. 어제 많이 __________(걷다)어서/아서 다리가 아파요.
3. 가: 어떤 음악을 좋아해요?
   나: 신나는 음악을 자주 __________(듣다)어요/아요.
4. 가: 가방을 어디에 실을까요?
   나: ______________________(자동차).

## 정리해 보세요

**Ⅰ. 다음 밑줄 친 부분이 맞으면 ○, 틀리면 ×에 표시해 보세요.**

1. 잠이 안 올 때에는 이 음악을 들으세요. ( ○ / × )
2. 선생님께 이 문제를 묻어요. ( ○ / × )
3. 친구와 같이 공원을 걸었어요. ( ○ / × )

**Ⅱ. 다음 ______에 들어갈 알맞은 말을 고르세요..**

1. 가: 유미 씨는 언제 노래를 해요? 나: 저는 기분이 ________ 노래를 해요.

   ① 좋고 ② 좋을 때 ③ 좋은 후에

2. 이것은 ________ 먹을 빵이에요.

   ① 배고프니까 ② 배고프기 전에 ③ 배고플 때

## 듣기 Listening

다음은 김 과장과 이재훈 씨의 대화입니다. 잘 듣고 다음 질문에 대답해 보세요.

1. 누구의 취미입니까? 연결해 보세요.

| | | |
|---|---|---|
| | | • 축구 |
| 이재훈 부장 • | | • 농구 |
| 김 과장 • | | • 골프 |
| | | • 야구 |

2. 다음에 두 사람은 같이 무슨 운동을 하겠습니까? (　　)

① 축구　　② 농구　　③ 골프　　④ 수영

## 말하기 Speaking

I. 배운 어휘와 문법을 사용하여 대화해 보세요.

1. 가: 한가할 때 뭘 해요?　　나: ____________.
2. 가: 밤에 잠이 안 오면 어떻게 해요?　　나: ____________.
3. 가: 한국어 단어를 모를 때 어떻게 해요?　　나: ____________.
4. 가: 기분이 안 좋을 때 어떻게 해요?　　나: ____________.

• 한가하다(to be free)

## 어휘 플러스 Vocabulary Plus

### 취미

| | | |
|---|---|---|
| 독서 | read a book | 예 제 취미는 독서예요. 책을 날마다 읽어요. |
| 영화 감상 | movie appreciation | 예 제 취미는 영화 감상이에요. |
| 컴퓨터 게임 | computer game | 예 제 동생 취미는 컴퓨터 게임이에요. |
| 그림 그리기 | drawing, painting | 예 누나 취미가 그림 그리기여서 집에 그림이 많아요. |
| 낚시 | fishing | 예 아빠 취미는 낚시예요. |
| 요리하기 | cooking | 예 우리 언니 취미는 요리하기에요. |

### 영화

| | | |
|---|---|---|
| 가족 영화 | family movie | 예 주말에 아이들과 함께 가족 영화를 봤어요. |
| 공포 영화 | horror movie | 예 공포 영화가 무서워서 싫어요. |
| 코미디 영화 | comedy movie | 예 저는 재미있는 코미디 영화가 좋아요. |
| 멜로 영화 | romantic movie | 예 데이트를 할 때는 멜로 영화가 좋아요. |
| 만화 영화 | animated movie | 예 아이들은 귀여운 만화 영화를 좋아해요. |
| 액션 영화 | action movie | 예 액션 영화 주인공은 참 멋있어요. |

**확인해 보세요**

I. 다음 그림에 맞는 말을 찾아보세요.

1

2

3

4

가) 컴퓨터 게임　　나) 독서　　다) 그림 그리기　　라) 등산

## Ⅱ. 무슨 영화를 보고 하는 생각입니까?

| | | |
|---|---|---|
| 1. "고향에 계신 부모님과 동생이 보고 싶어요." | • | • 가) 가족 영화 |
| 2. "너무 무서워요! 오늘 밤에는 불을 켜고 잘 거예요." | • | • 나) 액션 영화 |
| 3. "두 사람의 사랑이 아름다워요!" | • | • 다) 공포 영화 |
| 4. "남자 배우가 태권도를 잘 해요! 정말 멋있어요." | • | • 라) 멜로 영화 |

### 정리해 보세요

## Ⅰ. 다음 밑줄 친 단어나 표현의 쓰임이 맞으면 o, 틀리면 ×에 표시해 보세요..

1. 저는 극장에 자주 가요. 제 취미는 그림 그리기예요. ( o / × )
2. 아버지께서는 낚시를 아주 좋아하셔서 주말마다 강에 가십니다. ( o / × )
3. 코미디 영화가 정말 무서워요. ( o / × )

## Ⅱ. 다음 ______에 들어갈 알맞은 말을 고르세요.

1. 가: 극장에서 무슨 영화를 봤어요?
   나: ________를 봤어요. 정말 무서웠어요.

① 멜로 영화 ② 공포 영화 ③ 만화 영화

2. 가: 취미가 뭐예요.
   나: 제 취미는 ______이에요/예요. 그래서 자주 도서관에 가요.

① 독서 ② 요리하기 ③ 영화 감상

• 불을 켜다(to turn on the light) • 배우(actor/actress)

**I.** 다음 단어를 알아보세요.

| 모이다, 교통편, 돌아오다 |
|---|

1. 여기저기에서 사람들이 (        )어서/아서/여서 사진을 찍고 있어요.
2. 지난주에 미나 씨가 고향에 갔어요. 이번 주 일요일에 서울에 (        )을/ㄹ 거예요.
3. 명동에서 이태원까지 갈 거예요. 가장 빠른 (        )이/가 뭐예요?

**II.** 다음을 읽어 보세요.

1. 이 사람들의 취미는 뭐예요? (    )
   ① 영화감상    ② 독서
   ③ 사진 찍기    ④ 여행
2. 언제 어디로 가요?
   언제 : ____________________
   어디 : ____________________
3. 맞으면 O, 틀리면 ×에 표시해 보세요.
   1) 이 사람들은 대전에서 만나요. ( O / × )
   2) 갈 때와 돌아올 때 교통편이 같아요. ( O / × )
   3) 이 사람들은 많이 걸을 거예요. ( O / × )

**III.** 다음 사람들에게 무슨 취미가 어울릴까요? 이야기해 보세요.

| | |
|---|---|
| 혼자 있는 것을 좋아해요. | |
| 여러 사람들과 같이 있는 것을 좋아해요. | |
| 외국어를 잘 해요. | |
| 조용한 분위기를 좋아해요. | |

• 교통편(transportation (facilities))

# Korean Culture

## Parks in Korea

Korea has preserved its beautiful nature. There are over 20 National Parks in Korea. Each city has its own unique 'City Park.' Many Koreans enjoy camping in scenic parks that sit alongside mountains and rivers. Others go to nearby parks to look at the flowers and trees or just for some light exercise.

# 15-2 야구보다 축구를 좋아해요.

I like soccer more than baseball these days.

Loading Dialogue: Making comparisons

**박혜진:** 준수 씨, 어렸을 때 야구했어요?

**이준수:** 아, 옛날에는 좋아했는데 지금은 잘 안 해요.

**박혜진:** 왜요?

**이준수:** 지금은 야구보다 축구를 좋아해요.

**Hyejin:** Junsu, did you play baseball when you were younger?

**Junsu:** Ah, I used to like baseball back then but now I don't play very often.

**Hyejin:** Why not?

**Junsu:** I like soccer more than baseball these days.

### 대답해 보세요

1. 준수 씨는 어렸을 때 무슨 운동을 좋아했어요? (　　)

① 축구　　② 야구

③ 농구　　④ 배구

2. 지금은 무슨 운동을 좋아해요? (　　)

① 축구　　② 야구

③ 농구　　④ 배구

### 어휘 New Vocabulary

~보다 than
어리다 to be young
야구 baseball
옛날 [옌날] a long time ago
좋아하다 to like
축구 [축꾸] soccer
농구 basketball
배구 volleyball

# 문법 Grammar

Loading

## 1 ________는데/(으)ㄴ데

- 앞뒤 문장의 동작이나 상태를 서로 대조할 때 사용한다.
- The preceding verb is contrasted with the verb that follows.

| | 받침 ○ → -는데 | | 받침 × → -는데 | |
|---|---|---|---|---|
| 동작 동사 | 먹다 | 먹는데 | 가다 | 가는데 |
| | 받침 ○ → -은데 | | 받침 × → -ㄴ데 | |
| 상태 동사 | 좋다 | 좋은데 | 예쁘다 | 예쁜데 |

- 옛날에는 **좋아했는데** 지금은 잘 안 해요.
- 그 가수는 노래는 잘 **부르는데** 춤은 잘 못 춰요.
- 필통에 볼펜은 **많은데** 연필은 없어요.
- 토요일은 **한가한데** 일요일은 바빠요.

## 2 ________보다

- 앞뒤의 명사를 비교할 때 사용한다.
- '더, 덜'과 같은 정도를 나타내는 단어와 자주 같이 사용한다.
- The preceding noun is compared with the one that follows.
- This is commonly used with words such as '더, 덜' that indicate a level or degree.

- 지금은 야구**보다** 축구를 좋아해요.
- 저**보다** 동생이 키가 커요
- 백화점이 시장**보다** 더 비싸요.

## 문법 연습 Grammar Practice

**Ⅰ. '–는데'를 사용하여 다음을 완성해 보세요.**

1. 지하철은 빨리 가요. 그런데 버스는 느려요. ➔ ______________________.
2. 저는 축구는 잘 해요. 그런데 수영은 잘 못해요. ➔ ______________________.
3. 신용카드는 있어요. 그런데 현금은 없어요. ➔ ______________________.
4. 작년에는 비가 많이 왔어요. 그런데 올해는 비가 많이 안 왔어요.
   ➔ ______________________________________.

**Ⅱ. '보다'를 사용하여 대화를 완성해 보세요.**

1. 가: 한국에서 일본이 가까워요? 미국이 가까워요? 나: ______________________.
2. 가: 한국말이 쉬워요? 영어가 쉬워요? 나: ______________________.
3. 가: 여름을 좋아해요? 겨울을 좋아해요? 나: ______________________.
4. 가: 시장에 자주 가요? 백화점에 자주 가요? 나: ______________________.

### 정리해 보세요

**Ⅰ. 다음 밑줄 친 부분이 맞으면 o, 틀리면 ×에 표시해 보세요.**

1. 기차보다 비행기가 더 빨라요. ( o / × )
2. 저에게 이 바지는 작는데 저 바지는 큽니다. ( o / × )
3. 어릴 때는 사과를 잘 먹었는데 지금은 사과를 안 좋아해요. ( o / × )

**Ⅱ. 다음 ________에 들어갈 알맞은 말을 고르세요.**

1. 한국어는 열심히 ________ 영어는 공부를 안 해요.

   ① 공부한데 ② 공부하는데 ③ 공부하은데

2. 가: 물건은 어디가 더 싸요? 나: 물건은 백화점____ 시장이 더 싸요.

   ① 이 ② 에 ③ 보다

3. 가: 주말에 시간이 있어요? 나: 토요일에는 시간이 ________ 일요일에는 시간이 없어요.

   ① 많은데 ② 많으니까 ③ 많은 후에

• 현금(cash) • 영어(English)

## 듣기 Listening

다음은 준수 씨와 혜진 씨의 대화입니다. 잘 듣고 다음 질문에 대답해 보세요.

1. 혜진 씨는 어렸을 때 무슨 운동을 좋아했어요? (  )
   ① 테니스 ② 농구 ③ 수영 ④ 스키

2. 들은 이야기와 같으면 O, 다르면 ×에 표시해 보세요.
   1) 혜진 씨는 지금도 수영을 자주 해요. ( O / × )
   2) 혜진 씨는 요즘 운동을 잘 안 해요. ( O / × )

## 말하기 Speaking

**I.** 배운 어휘와 문법을 사용하여 대화해 보세요.

1. 가: 어렸을 때 무슨 운동을 좋아했어요?
   나: 어렸을 때 ________________는데 지금은 ____________________.
2. 가: 테니스를 잘 해요?
   나: 아니요, 테니스보다 ____________________________________.
3. 가: 어느 계절을 좋아해요?
   나: ________________보다 ____________________________________.

## 어휘 플러스 Vocabulary Plus

### 운동

| | | |
|---|---|---|
| 수영을 하다 | to swim | 예 여름에 수영을 하면 기분이 좋아요. |
| 농구를 하다 | to play basketball | 예 친구들과 농구장에서 농구를 했어요. |
| 야구를 하다 | to play baseball | 예 주말에 야구를 하러 가요. |
| 요가를 하다 | to do yoga | 예 어머니께서는 집에서 요가를 하세요. |
| 골프를 치다 | to play golf | 예 골프를 잘 치는 한국 여자 선수들이 많아요. |

### 운동

| | | |
|---|---|---|
| 테니스를 치다 | to play tennis | 예 저는 테니스를 자주 쳐요. |
| 볼링을 치다 | to bowl | 예 볼링을 치면 스트레스가 풀려요. |
| 탁구를 치다 | to play table tennis | 예 형은 탁구를 잘 쳐요. |
| 스키를 타다 | to ski | 예 겨울이 되면 스키를 타러 갈 거예요. |
| 스케이트를 타다 | to ice-skate | 예 아이스링크에서 스케이트를 타요. |

**확인해 보세요**

I. 아래 운동의 이름을 쓰고 어울리는 동사와 연결해 보세요.

1 ________ 2 ________ 3 ________ 4 ________

가) 하다　　나) 치다　　다) 타다

5 ________________ 6 ________________ 7 ________________ 8 ________________

가) 하다　　나) 치다　　다) 타다

**● 정리해 보세요 ●**

**Ⅰ. 다음 밑줄 친 단어나 표현의 쓰임이 맞으면 o, 틀리면 ×에 표시해 보세요.**

1. 여름에 친구하고 수영을 했어요. ( o / × )
2. 스키를 타고 싶어서 이번 겨울방학에는 스케이트장에 갈 거예요. ( o / × )

**Ⅱ. 다음 ______에 들어갈 알맞은 말을 고르세요.**

1.

가: 운동했어요?
나: 네, 운동장에서 ______________.

① 야구를 했어요.　② 농구를 했어요.　③ 요가를 했어요.

2.

가: ______________ 갈까요?
나: 네, 좋아요.

① 골프를 치러　② 볼링을 치러　③ 탁구를 치러

• 스케이트장(skating rink)

## 읽고 쓰기 Reading and Writing

**I.** 읽고 질문에 대답해 보세요.

제 취미는 운동이에요. 전에는 야구를 좋아했는데 지금은 야구보다 축구를 더 좋아해요. 축구는 중학교 때부터 하기 시작했어요. 중학교 때 선생님이 운동을 좋아하는 저에게 축구를 가르쳐 주셨어요. 그때부터 축구를 좋아했어요.

저는 주말마다 학교 친구들을 만나서 축구를 해요. 보통 토요일에 만나지만 친구들이 시간이 없으면 일요일에 만날 때도 있어요. 축구를 하면 기분도 좋고 건강에도 좋아요. 축구는 정말 재미있는 운동이에요. 하지만 너무 심하게 운동하면 몸이 아파요.

1. 무슨 이야기예요? (    )

   ① 친구　　② 주말　　③ 취미　　④ 공부

2. 축구를 하면 무엇이 좋아요?

   ______________________________.

3. 맞으면 O, 틀리면 ×에 표시해 보세요.

   1) 이 사람은 고등학교 때부터 축구를 했어요.　( O / × )
   2) 이 사람은 일주일에 한 번 축구를 해요.　( O / × )
   3) 전에는 다른 운동을 좋아했어요.　( O / × )

• 심하게(terribly, severely)

## Ⅱ. 여러분의 취미는 무엇입니까? 써 보세요.

1. 먼저 생각해 보세요.

| | |
|---|---|
| 취미가 뭐예요? | |
| 언제 시작했어요? | |
| 좋은 점과 나쁜 점이 뭐예요? | |

2. 취미를 써 보세요.

제 취미는 ______________________ 이에요/예요.

______________________________________________

______________________________________________

______________________________________________

______________________________________________

______________________________________________

## Korean Culture

### Koreans and Exercise

Koreans enjoy competitive activities such as soccer, baseball, basketball, and tennis. On the weekends, they enjoy going to mountains near and far to go hiking to build strengthen one's body. Also, to stay in shape, there are many Koreans who go to gyms or do yoga, do aerobics, and swim.

# 부록

## Appendix

1. 듣기 대본
2. Korean Culture 번역문 및 사진 출처
3. 해답
4. 찾아보기

### 2-1

미　키: 안녕하세요?
이준수: 안녕하세요? 저는 이준수입니다.
미　키: 저는 미키입니다. 반갑습니다.
이준수: 네, 반갑습니다.

Miki: Hello.
Junsu: Hello. My name is Junsu Lee.
Miki: My name is Miki. Nice to meet you.
Junsu: Nice to meet you too.

### 2-2

이준수: 미키 씨는 미국 사람입니까?
미　키: 아니요, 저는 미국 사람이 아닙니다. 캐나다 사람입니다.
이준수: 대학생입니까?
미　키: 네, 대학생입니다.

Junsu: Miki, are you from America?
Miki: No, I am not from America. I am from Canada.
Junsu: Are you a college student?
Miki: Yes, I am a college student.

### 3-1

이준수: 기숙사 방이 깨끗합니까?
직　원: 네, 깨끗합니다.
이준수: 화장실은 있습니까?
직　원: 네, 화장실이 있습니다.

Junsu: Is the dormitory room clean?
Worker: Yes, it is clean.
Junsu: Is there a bathroom?
Worker: Yes, there is a bathroom.

### 3-2

이준수: 이 방은 조용합니까?
룸메이트: 네, 조용합니다. 시끄럽지 않습니다.
이준수: 이 책상이 제 책상입니까?
룸메이트: 아니요, 준수 씨 책상은 저 책상입니다.

Junsu: Is this room quiet?
Roommate: Yes, it is quiet. It's not loud.
Junsu: Is this desk my desk?
Roommate: No, your desk is that desk.

### 4-1

이재훈: 리모컨이 어디에 있어요?
김유미: TV 옆에 있어요.
이재훈: 휴지는 어디에 있어요?
김유미: 식탁 위에 있어요.

Jaehoon: Where is the remote control?
Yumi: It is next to the TV.
Jaehoon: Where are the tissues?
Yumi: It is on top of the dining table.

### 4-2

행　인: 이 근처에 편의점이 있어요?
김유미: 네, 저 건물 1층에 있어요.
행　인: 빵집도 있어요?
김유미: 네, 편의점과 빵집 모두 건물 1층에 있어요.

Pedestrian: Is there a convenience store around here?
Yumi: Yes, there is one on the 1st floor of that building.
Pedestrian: Is there a bakery as well?
Yumi: Yes, both the convenient store and the bakery are on the 1st floor of that building.

## 5-1

의 사: 이재훈 씨는 몇 시에 일어나요?
이재훈: 보통 6시에 일어나요.
의 사: 그럼 몇 시에 자요?
이재훈: 11시쯤에 자요.

Doctor: Jaehoon, what time do you wake up?
Jaehoon: I usually wake up around 6.
Doctor: Then what time do you usually sleep?
Jaehoon: I usually sleep around 11.

## 5-2

박혜진: 준수 씨, 어디에 가요?
이준수: 집 근처 공원에 가요.
박혜진: 공원에서 자주 산책해요?
이준수: 네, 자주 산책해요.

Hyejin: Junsu, where are you going?
Junsu: I am going to a park near my house.
Hyejin: Do you go to the park often?
Junsu: Yes, I take walks quite often.

## 6-1

이지민: 콘서트가 며칠이에요?
직 원: 10월 10일이에요.
이지민: 그날이 수요일이에요?
직 원: 아니요, 수요일이 아니에요. 목요일이에요.

Jimin: What day is the concert?
Worker: October 10th.
Jimin: Is that day a Wednesday?
Worker: No, it's not a Wednesday. It's a Thursday.

## 6-2

김유미: 영선 씨는 보통 몇 시에 저녁 먹어요?
조영선: 6시쯤 저녁을 먹어요.
김유미: 저녁 식사 후에 TV를 봐요?
조영선: TV는 안 봐요. 가족들과 같이 이야기를 해요.

Yumi: What time do you usually eat dinner, Youngsun?
Youngsun: I usually eat dinner around 6.
Yumi: Do you watch television after dinner?
Youngsun: I don't watch television. I have conversations with my family.

## 7-1

이재훈: 김 과장님은 고향이 어디예요?
김 과장: 전주예요. 교통도 복잡하지 않고 살기가 좋아요.
이재훈: 요즘 전주 날씨는 어때요?
김 과장: 대전 날씨와 비슷해요. 아주 더워요.

Jaehoon: Mr. Kim, where are you from?
Mr. Kim: I am from Jeonju. The public transportation is not too complicated and it is a nice city to live in.
Jaehoon: How is the weather in Jeonju these days?
Mr. Kim: The weather is similar to Daejeon. It is very hot.

## 7-2

서양 사람: 한국은 무슨 음식이 유명해요?
이재훈: 김치요. 조금 맵지만 건강에 아주 좋아요.
서양 사람: 자주 드세요?
이재훈: 그럼요, 매일 먹어요.

Foreigner: What foods are famous in Korea?
Jaehoon: Kimchi. It is a little spicy, but it's good for your health.
Foreigner: Do you eat it often?
Jaehoon: Yes, I eat it everyday.

## 8-1

이준수: 혜진 씨, 내일 시간 있어요? 같이 쇼핑을 하고 싶어요.
박혜진: 미안해요. 수업 끝나고 도서관에 가요.

**이준수**: 아, 그럼 주말은 어때요?
**박혜진**: 네, 좋아요.

**Junsu**: Hyejin, do you have time tomorrow? I would like to go shopping with you.
**Hyejin**: I'm sorry. I have to go to the library after class tomorrow.
**Junsu**: Ah, then how about the weekend?
**Hyejin**: Sure, that sounds good.

## 8-2

**이준수**: 혜진 씨, 이번 주말에 테니스를 칠 거예요?
**박혜진**: 아니요, 주말에는 바빠요.
**이준수**: 주말에 무슨 일이 있어요?
**박혜진**: 극장에 가서 친구들과 영화를 볼 거예요.

**Junsu**: Hyejin, are you going to play tennis this weekend?
**Hyejin**: No, I am busy this weekend.
**Junsu**: What are you doing this weekend?
**Hyejin**: I'm going to the movie theaters to watch a movie with my friends.

## 9-1

**조영선** : 유미 씨, 금요일에 수지네 집들이에 가요?
**김유미**: 네, 저도 갈 거예요. 만나서 같이 갈까요?
**조영선** : 좋아요. 몇 시에 만날까요?
**김유미**: 5시쯤 만나요.

**Youngsun**: Yumi, are you going to Susie's house party on Friday?
**Yumi**: Yes, I'm going. Should we meet and go together?
**Youngsun**: Sure. What time should we meet?
**Yumi**: Let's meet around 5.

## 9-2

**조영선** : 금요일에 같이 백화점에 갈까요?
**김유미**: 그날은 약속이 있어요.
**조영선**: 그럼 토요일은 어때요?
**김유미**: 좋아요. 다른 약속이 없으니까 토요일에 같이 가요.

**Youngsun**: Should we go to the department store together on Friday?
**Yumi**: I have an appointment on Friday.
**Youngsun**: Then how's Saturday?
**Yumi**: Okay, that sounds good. Let's go together on Saturday since I don't have any plans on Saturday.

## 10-1

**이웃 여자**: 유미 씨, 오랜만이에요. 어디 가요?
**김유미**: 네, 마트에 가요.
**이웃 여자**: 뭐 사러 가요?
**김유미**: 더워서 아이스크림 사러 가요.

**Neighbor**: Yumi, long time no see. Where are you going?
**Yumi**: Hello, I am going to the mart.
**Neighbor**: What are you going to buy?
**Yumi**: I am going to buy some ice cream since it is so hot.

## 10-2

**김유미**: 이번 주 금요일까지 중국 비자가 나올까요?
**직 원**: 아니요, 요즘 휴가철이어서 2주일 정도 걸릴 거예요.
**김유미**: 서류는 뭐가 필요해요?
**직 원**: 여권과 사진을 가지고 오세요.

**Yumi**: Will my Chinese visa be issued by this Friday?
**Worker**: No, currently it is our vacation period and therefore it will take around 2 weeks.
**Yumi**: What documents will I need to bring?
**Worker**: You will need a passport and a photo.

## 11-1

직 원: 어서 오세요. 뭘 찾으세요?
이지민: 반팔 티셔츠 있어요?
직 원: 이 노란 티셔츠는 어때요? 색깔이 정말 예뻐요.
이지민: 네, 아주 마음에 들어요.

Worker: Hello. Are you looking for something?
Jimin: Are there any t-shirts?
Worker: How about this yellow t-shirt? The color is really pretty.
Jimin: Yes, I like it a lot.

## 11-2

이지민: 요즘 어떤 옷이 유행이에요? 어머니께 선물할 거예요.
직원: 이 노란색 스웨터는 어때요?
이지민: 네, 좋아요. 좀 깎아 주세요.
직원: 그럼 5천 원 깎아 드릴게요.

Jimin: What's in style these days? I want to buy a gift for my mother.
Worker: How's this yellow sweater?
Jimin: Okay. Can I have a discount?
Worker: I'll take 5000 won off the original price.

## 12-1

이재훈 : 김 과장님, 지금 어디에 사세요?
김 과장 : 여의도에 살아요.
이재훈 : 회사까지 어떻게 오세요?
김 과장 : 자동차로 와요. 운전해서 한 40분 걸려요.

Jaehoon: Mr. Kim, where do you currently live?
Mr. Kim: I live in Yeouido.
Jaehoon: How do you commute to work?
Mr. Kim: I drive. It takes me around 40 minutes.

## 12-2

행 인: 여기에서 덕수궁까지 어떻게 가요?
이준수: 다음 사거리에서 왼쪽으로 가세요.
행 인: 사거리에서 멀어요?
이준수: 아니요, 걸어서 5분쯤 걸려요.

Pedestrian: How do I get to Deoksugung?
Junsu: Take a left at the next intersection.
Pedestrian: Is it far from the intersection?
Junsu: No, it takes around 5 minutes on foot.

## 13-1

조영선: 유미 씨, 휴가는 잘 다녀오셨어요?
김유미: 네, 속초에 사는 친구가 있어서 가족들하고 같이 갔다 왔어요.
조영선: 속초에서 뭐 하셨어요?
김유미: 아이들이 좋아하는 바닷가에 갔어요. 아주 재미있었어요.

Youngsun: Yumi, did you enjoy your vacation?
Yumi: Yes, I have a friend who lives in Sokcho so I went with my family.
Youngsun: What did you do in Sokcho?
Yumi: We went to the beach. The kids liked it and it was a lot of fun.

## 13-2

이준수: 혜진 씨, 이번 방학 계획이 있어요?
박혜진: 친구들하고 경주에 갈 거예요.
이준수: 저도 지난 방학에 갔어요. 경주는 볼 것도 많고, 호텔도 깨끗해서 좋아요.
박혜진: 그럼 지난 방학에 간 호텔 좀 가르쳐 주세요.

Junsu: Hyejin, do you have plans for this break?
Hyejin: I'm going to Kyungju with my friends.
Junsu: I went to Kyungju last break. There are many places to visit and the hotels are nice and clean.
Hyejin: Then why don't you tell me which hotel you stayed at last year?

## 14-1

이지민: 여보세요? 금요일 1시에 예약을 하고 싶어요.

직 원: 성함하고 전화번호 좀 말씀해 주세요.

이지민: 제 이름은 이지민이고, 전화번호는 010-4058-6897이에요.

직 원: 네, 계획이 바뀌면 전화주세요.

이지민: 네, 계획이 바뀌면 전화할게요.

Jimin: Hello? I would like to make a reservation for 1 o'clock on Friday.

Worker: May I please have your name and phone number?

Jimin: My name is Jimin Lee. My phone number is 010-4058-6897.

Worker: Okay. Please call if you have a change of plans.

Jimin: Okay. I'll call if my plans change.

## 14-2

박혜진: 여보세요? 준수 씨, 일요일에 시간이 있어요?

이준수: 네, 그런데 왜요?

박혜진: 같이 저녁을 먹은 후에 연극을 볼까요?

이준수: 네, 좋아요. 그런데 시간이 너무 늦으니까 저녁을 먹기 전에 연극을 봐요.

Hyejin: Hello? Junsu, do you have time on Sunday?

Junsu: Yes, why?

Hyejin: Would you like to eat dinner and go watch a play?

Junsu: Yes, sure. But let's watch a play before dinner since it might get a little late.

## 15-1

김 과장: 부장님은 시간이 있을 때 뭘 하세요?

이재훈: 제 취미는 운동이에요. 축구를 자주 해요.

김 과장: 저도 운동을 좋아해요. 그래서 한가할 때 골프를 쳐요.

이재훈: 그럼 다음에 같이 골프 쳐요.

Mr. Kim: Mr. Lee, what do you like to do in your free time?

Jaehoon: My hobby is exercising. I often play soccer.

Mr. Kim: I enjoy exercising as well. I play golf when I have the time.

Jaehoon: Then let's play golf together sometime.

## 15-2

이준수: 혜진 씨, 어렸을 때 수영했어요?

박혜진: 아, 옛날에는 좋아했는데 지금은 잘 안 해요.

이준수: 왜요?

박혜진: 지금은 수영보다 테니스를 더 좋아해요.

Junsu: Hyejin, did you swim when you were younger?

Hyejin: Ah, yes I enjoyed swimming when I was younger but I don't swim much these days.

Junsu: Why not?

Hyejin: I enjoy tennis more than swimming these days.

# Korean Culture 번역문 및 사진 출처

## 1-1. 한글 I

### 한글을 만든 세종대왕

한글을 만든 세종대왕은 조선시대 제4대 임금입니다. 세종대왕은 백성들을 위해 한글을 만들었고, 금속활자를 만들어 많은 책을 남겼습니다. 국력을 키워 영토를 넓혔고, 천문 관측을 위한 과학기구를 만들고, 음악을 정리하였습니다. 한국인은 세종대왕을 매우 존경합니다.

* '세종대왕 어진' 사진: 세종대왕기념사업회(http://www.sejongkorea.org.) 제공

## 1-2. 한글 II

### 한국의 상징

한국의 공식 이름은 '대한민국'입니다. 한국의 국기는 '태극기'로 평화와 조화를 중요시하는 한국인의 생각을 나타냅니다. 한국의 국화인 '무궁화'는 한국인의 강한 의지를 상징하며, 한국의 국가인 '애국가'는 한국이 영원히 번영하고 발전할 것을 기원합니다.

* '애국가 악보' 사진: 문화재청(http://www.cha.go.kr.) 제공

## 2-1. 안녕하세요?

### 한국인의 인사법

한국인은 인사할 때 아침, 점심, 저녁 시간과 상관없이 모두 '안녕하세요.'라고 합니다. 이러한 인사를 받으면 다시 '안녕하세요.'라고 대답하면 됩니다. 가볍게 인사를 할 때는 고개를 살짝 숙여 인사를 하고, 정중한 인사를 할 때는 허리를 깊이 숙입니다.

## 2-2. 한국 사람입니다

### 한국의 학제

한국의 학제는 초등학교 6년, 중학교 3년, 고등학교 3년, 대학교 4년으로 되어 있습니다. 한 학년의 시작은 3월이며, 그 다음 해 2월에 끝납니다. 이러한 학제는 미국과 중국 등 다른 나라와 달라서 학교 입학이나 전학할 때 참고해야 합니다.

## 3-1. 책상이 있습니까?

### 한국인의 주거

한국의 도시 사람들은 아파트와  연립 주택과 같은 공동 주택에 많이 삽니다. 농어촌의 시골 사람들은 마당이 있는 단독 주택에서 많이 삽니다.  대학생의 경우 집과 학교가 너무 멀면, 학교 기숙사나 하숙집에서 살면서 공부합니다.

## 3-2. 이 방은 겨울에 따뜻합니까?

### 한국의 난방법 온돌

침대를 사용하는 한국 사람이 늘고 있지만, 한국의 전통적인 생활 방식은 온돌방에 앉아서 생활하는 것입니다. 한국인은 온돌방의 따뜻한 방바닥을 좋아합니다. 그래서 한국의 아파트는 외국과는 달리 온돌 방식으로 난방을 합니다.

## 4-1. 열쇠가 어디에 있습니까?

### 한국의 방향 표시

한국에서 방향 표시를 할 때는 '동서남북'과 '전후좌우'라는 말을 많이 씁니다. 특히 교통과 관련해서는 전진(前進), 후진(後進), 좌회전(左回轉), 우회전(右回轉) 등과 같은 한자 표현이 많이 나옵니다. '전진'은 '앞으로 나간다.', '후진'은 '뒤로 나간다.', '좌회전'은 '왼쪽으로 돈다.', '우회전'은 '오른쪽으로 돈다.'의 뜻입니다.

## 4-2. 이 근처에 은행이 있습니까?

### 한국의 은행

한국의 은행에서는 저금뿐 아니라, 환전이나 송금을 할 수 있습니다. 은행 업무 시간은 오전 9시부터 오후 4시인데, 많은 한국인은 인터넷 뱅킹이나 모바일 뱅킹을 이용해 시간과 공간에 상관없이 은행 업무를 보고 있습니다.

## 5-1. 몇 시에 일어나요?

### 한국의 학교별 등교 시간

한국의 각 학교별 등교 시간을 소개하면 다음과 같습니다. 초등학생은 보통 8시 30분~50분까지, 중학생은 그보다 조금 이른 8시 20분~40분까지, 고등학생은 7시 30분~50분까지 등교하게 되어 있습니다. 이들 초중고교생들은 수업 시작 전 담임선생님과 조례와 아침 자습을 하지요. 그에 비해 대학생은 등교 시간이 자유롭습니다. 자신이 신청한 과목의 수업시작 전까지만 등교하면 됩니다.

## 5-2. 어디에 가요?

### 한국의 스포츠 태권도

태권도는 한국 고유의 무예로, 세계적으로 널리 보급된 격투 스포츠입니다. 언제 어디서나 손과 발을 이용해 공격 또는 방어할 수 있으며, 신체 단련과 정신 무장을 동시에 추구합니다. 신체 운동으로서 태권도는 어린이의 성장 발육, 청장년과 노인의 체력 증진, 여성의 건강과 미용 증진에 큰 효과를 줍니다. 이런 장점을 가진 한국의 태권도를 배우려는 외국인이 많아지고 있습니다.

* '태권도' 사진 : 국기원(http://www.kukkiwon.or.kr.) 제공

## 6-1. 콘서트가 며칠이에요?

### 한국의 대중문화

한국의 가수, 배우들은 국내뿐 아니라, 해외에서도 열심히 활동하여 인기를 끌고 있습니다. 가수 '싸이'의 〈강남스타일〉 뮤직비디오는 해외에서 폭발적인 인기를 얻었습니다. 한국의 연예인을 응원하는 펜클럽에 한국인뿐 아니라 외국인들도 많이 참여하고 있습니다.

## 6-2. 몇 시에 저녁을 먹어요?

### 한국의 텔레비전 방송

한국에는 KBS, MBC, SBS와 같은 공중파 방송국과 그보다 작은 종합 편성 채널의 방송국들이 있습니다. 한국의 방송국에서는 많은 드라마를 제작합니다. 한국의 텔레비전 드라마는 외국에서도 인기를 끌어 한류 드라마가 되기도 합니다.

## 7-1. 고향이 어디예요?

### 한국의 날씨

한국은 봄, 여름, 가을, 겨울이 뚜렷이 구분되는 사계절을 가지고 있습니다. 봄과 가을은 맑은 날이 많아서 지내기 좋지만, 여름은 장마가 있어 습하고 덥습니다. 겨울은 춥고 건조하며, 때로 많은 눈이 내립니다.

## 7-2. 조금 맵지만 건강에 좋아요.

### 한국의 대표 음식

한국의 음식 중 외국인이 좋아하는 것은 '비빔밥'과 '불고기', '김치'입니다. 비빔밥은 각종 나물을 넣어 비벼 먹는 것으로, 맛과 영양을 모두 갖춘 음식입니다. 불고기는 소고기에 맛있는 간장 양념을 해서 구워 먹는 것으로 누구나 좋아합니다. 김치는 배추와 무에 고춧가루와 젓갈 등을 넣어 발효시켜 만든 한국의 대표적인 건강식품입니다.

## 8-1. 내일 시간 있어요?

### 한국의 영화

한국인은 영화 보기를 좋아하여, 많은 사람이 극장에 갑니다. 부산국제영화제, 부천국제판타스틱영화제, 국제여성영화제 등 다양한 국제영화제가 한국에서 열리고 있습니다. 또한 한국 영화는 외국의 영화제에서 많은 상을 받고 있습니다. 한국의 대형 영화관들은 서울뿐 아니라 전국에 지역 상영관을 가지고 있습니다. 그래서 같은 영화를 전국 어디에서나 볼 수 있습니다.

## 8-2. 도서관에 가서 공부할 거예요.

### 한국의 도서관

한국에는 많은 공공 도서관이 있습니다. 대표적인 국립 도서관으로는 서울에 있는 국립중앙도서관과 국립어린이청소년도서관, 그리고 국회도서관이 있습니다. 한국의 각 지역마다 공공 도서관이 있어, 한국인들은 가까운 도서관에서 언제든지 편하게 책을 볼 수 있습니다.

## 9-1. 어디에서 만날까요?

### 한국인의 생일

한국인이 생일을 맞으면 가족과 친지가 축하해 줍니

다. 그중 특별한 생일에는 잔치를 합니다. 아기가 태어난 지 100일이 되면 백일잔치를, 1년이 되면 돌잔치를 합니다. 부모가 만 60세가 되는 해에는 환갑잔치를, 70세가 되는 때에는 고희잔치를 자식들이 열어 축하해 줍니다.

## 9-2. 연휴에는 복잡하니까 미리 기차표를 예매하세요.

### 한국의 철도

한국에는 전국적으로 철도가 잘 연결되어, 기차를 타고 다른 지역으로 편리하게 갈 수 있습니다. 인터넷으로 한국철도공사 코레일(KORAIL) 홈페이지(http://www.korail.com.)에 들어가면 기차역명, 열차 시각, 요금 등을 확인하고 승차권을 예매할 수 있습니다.

## 10-1. 머리가 아파서 약을 사러 가요.

### 한국의 약국–의약분업

한국의 약국에 가서 약을 사려면, 의사의 처방전이 필요합니다. 한국에서는 의약 분업이 시행되어, 약사가 마음대로 약을 조제해 줄 수 없기 때문입니다. 약국에서 가벼운 가정상비약은 살 수 있으나, 전문 의약품은 살 수 없습니다. 병원에 가서 진단을 받고, 의사가 작성한 약 처방전을 가지고 가야만 증세에 맞는 전문적인 약을 살 수 있습니다.

## 10-2. 이번 주 수요일까지 여권이 나올까요?

### 한국 관광

만약 여러분이 한국에 관광하러 가신다면, '한국관광공사' 홈페이지의 〈대한민국 구석구석〉 코너로 들어가 보십시오. 여행에 유용한 정보를 얻을 수 있습니다. 또한 '관광 안내 전화 1330번'을 통해, 연중무휴 24시간 관광 안내 서비스와 통역 서비스를 받을 수 있습니다.

* '한국관광공사 홈페이지' 이미지: 한국관광공사 (http://www.visitkorea.or.kr.) 제공

## 11-1. 어서 오세요. 뭘 찾으세요?

### 한국의 시장과 백화점

한국에는 재래시장도 있지만, 많은 한국인이 대형 할인 매장이나 슈퍼마켓에서 물건을 삽니다. 새롭고 다양한 물건이 싼 가격으로 판매되기 때문입니다. 고급 제품이나 수입 명품을 살 경우 백화점에 가는데, 백화점의 상품은 가격이 비싼 편입니다. 그래서 백화점 할인 기간을 이용하는 사람이 많습니다.

## 11-2. 요즘 어떤 옷이 유행이에요?

### 한국의 옷가게

한국에서 유행하는 옷을 보려면 서울 동대문의 대형 패션 의류 매장이나, 남대문의 도소매 의류시장에 가면 됩니다. 패션 특구로 지정된 서울 강남의 압구정동과 청담동에는 개성적인 옷가게와 패션 관련 상가가 많습니다. 최근에는 인터넷을 통해 옷을 사는 한국인의 숫자가 점차 늘어나 인터넷 쇼핑몰도 많이 생기고 있습니다.

## 12-1. 회사까지 어떻게 오세요?

### 한국의 대중교통

한국의 대중교통 수단으로는 지하철, 버스, 택시가 있습니다. 차가 많아 길이 막혀도 버스는 도로의 버스 전용 차선을 이용하므로, 다른 자동차들보다 빠르게 갈 수 있습니다. 한국의 대중교통 요금은 싸서 대중교통을 이용하면 교통비와 시간을 절약할 수 있습니다.

## 12-2. 사거리에서 오른쪽으로 가세요

### 한국의 지하철

한국의 주요 도시에는 지하철이 있어, 원하는 곳까지 빠르고 편안하게 갈 수 있습니다. 서울의 지하철은 1호선부터 9호선까지 서로 연결되어, 서울 도심에서부터 외곽 지역까지 갈 수 있습니다. 지하철은 서울 외에 부산, 대구, 대전, 광주와 같은 대도시에서도 이용할 수 있습니다.

## 13-1. 휴가 잘 다녀오셨어요?

### 한국의 항구 도시 부산

부산은 한국의 대표적인 항구 도시로 외국과 무역을 많이 하여, 일찍부터 발전하였습니다. 서울특별시와 함께 한국의 대표 도시인 부산광역시에서는 중요한 국제 행사가 많이 열리고 있습니다. 부산국제영화제가 매년 열리고 있고, 벡스코(BEXCO)라는 대규모 종합전시관

이 있어, 각종 국제회의와 전시회, 이벤트가 활발하게 개최되고 있습니다.

## 13-2. 먹을 것도 많고 볼 것도 많아요.

### 한국의 관광 휴양지 제주도

제주도는 한국의 남단에 있는 화산섬으로 돌, 여자, 바람이 많다고 하여 삼다도(三多島)라고 불립니다. 바다와 한라산, 올레길, 싱싱한 해산물, 해녀, 그리고 귤로 유명한 이곳은 한국의 대표적인 휴양 관광지이며 신혼 여행지입니다. 최근에는 다양한 전시관, 박물관이 생겨나 볼거리가 더욱 많아졌습니다.

* 돌하르방 사진: '제주 북촌돌하르방 공원' (http://www.dolharbangpark.com.) 제공

## 14-1. 늦으면 전화할게요.

### 한국의 예약과 배달 문화

한국에서 어떤 장소를 사용하려면, 전화나 인터넷을 이용해 예약하면 됩니다. 한국에는 배달 문화가 발달하여 물건을 사거나, 음식을 주문한 뒤, 집에서 받을 수 있습니다. 또한 급히 전달할 물건이 있을 때는 오토바이를 타고 빠르게 가서 물건을 전달해 주는 '퀵서비스'를 이용할 수 있습니다.

## 14-2. 점심 먹은 후에 영화 볼까요?

### 서울의 유명 거리

서울에는 특색 있는 유명 거리가 있습니다. 대학들이 몰려 있는 대학가 '신촌', 극장과 멋진 식당이 많은 '강남역 부근', 독특한 카페와 클럽이 많은 '홍대 앞'은 젊은이의 거리입니다. 연극 공연 소극장이 많은 '혜화동', 경복궁 근처로 화랑 겸 카페가 많은 '삼청동'은 예술적인 거리입니다. 한국 전통 예술품을 파는 '인사동'과 전통 가옥인 한옥이 보존되어 있는 '북촌'은 외국인 관광객이 찾을 만한 전통 거리입니다.

## 15-1. 시간이 있을 때 뭘 해요?

### 한국의 공원

한국에는 아름다운 자연환경을 잘 보전하여 만든 20여개의 '국립공원'이 있으며, 도시마다 특색 있는 '도시공원'이 있습니다. 경치 좋은 산과 강가의 공원에 캠핑을 하며 즐기는 한국인도 있고, 인근 공원으로 찾아가 나무와 꽃을 보며 가벼운 운동을 하는 한국인도 있습니다.

## 15-2. 야구보다 축구를 좋아해요.

### 한국인과 운동

한국인은 축구, 야구, 농구, 테니스와 같은 운동경기를 좋아합니다. 주말에는 가깝거나 먼 산으로 등산을 가서 체력을 키우기도 합니다. 또한 건강관리를 위해 헬스나 요가, 에어로빅, 수영을 하는 사람도 많습니다.

# 해답 Answers

## 1-1

• 자음I

3. 1) ① 아기 2) ② 누구 3) ① 나라
   4) ② 모기

4. 1) 고기 2) 나무 3) 다리

• 자음II

3. 1) ① 비누 2) ② 수 3) ① 우리 4) ② 부두

4. 1) 비누 2) 오이 3) 바지

• 자음III

3. 1) ① 카드 2) ② 타다 3) ① 피아노
   4) ② 차

4. 1) 코 2) 기차 3) 호두

• 자음IV

3. 1) ② 토끼 2) ③허리띠 3) ① 싸다
   4) ③ 찌다

4. 1) 꼬마 2) 아빠 3) 찌개

## 1-2

• 모음II

3. 1) 개 2) 게 3) 뇌 4) 귀

• 모음III

3. 1) ② 요리 2) ① 여우

• 모음IV

3. 1) ① 의자 2) ① 돼지

## 2-1

**대답해 보세요**

1. ① 2. ④

**문법 연습 Grammar Practice**

Ⅰ 1. 입니다
  2. (저는) 한국 사람입니다
  3. 제 이름은 ○○○입니다 / 저는 ○○○입니다
  4. 저는 [나라 이름] 사람입니다

Ⅱ 1. 는 2. 은 3. 는

**정리해 보세요**

Ⅰ 1. ○ 2. × 3. ○ 4. ○

**듣기 Listening**

1. ① 2. ③

**말하기 Speaking**

Ⅰ 1. 안녕하세요?
  2. 제 이름은 ○○○입니다.
  3. 저는 [나라 이름] 사람입니다.
  4. 반갑습니다.

**어휘 플러스 Vocabulary Plus - 확인해 보세요**

Ⅰ 1－나), 2－다), 3－가)

Ⅱ 1－가), 2－다), 3－라), 4－나)

**정리해 보세요**

Ⅰ 1. ○ 2. × 3. ○ 4. ×

Ⅱ 1. ① 2. ②

**읽기 Reading**

Ⅰ 1. 국적 2. 이름 3. 신분증

Ⅱ 1. 1) 이준수입니다
    2) 한국 사람입니다
  2. 1) ○ 2) ×

Ⅲ 생략

## 2-2

**대답해 보세요**

1. ② 2. ①

**문법 연습 Grammar Practice**

Ⅰ 1. 입니까
  2. 입니까
  3. 입니까

Ⅱ 1. 이 아닙니다
  2. 가 아닙니다
  3. 가 아닙니다

**정리해 보세요**

Ⅰ 1. × 2. ○ 3. ×

Ⅱ 1. ② 2. ③

**듣기 Listening**

1. ③ 2. ①

**말하기 Speaking**

Ⅰ 1. 가: 무엇입니까
나: ○○○입니다
2. 가: 입니까
나: 한국 사람입니다
3. 의사가 아닙니다. 학생입니다

**어휘 플러스 Vocabulary Plus - 확인해 보세요**

Ⅰ 1-라), 2-나), 3-가), 4-다)

Ⅱ 가: 직업이 무엇입니까?
나: [직업 이름]입니다

**정리해 보세요**

Ⅰ 1. ○ 2. × 3. ○

Ⅱ 1. ② 2. ③

**읽고 쓰기 Reading and Writing**

Ⅰ 1. ② 2. 대학생입니다

Ⅱ 생략

## 3-1

**대답해 보세요**

1. ① 2. ①

**문법 연습 Grammar Practice**

Ⅰ 1. 이 2. 가 3. 가 4. 이

Ⅱ 1. 어떻습니까 2. 적습니까
3. 큽니다 4. 춥습니다

**정리해 보세요**

Ⅰ 1. ○ 2. × 3. ○

Ⅱ 1. ① 2. ② 3. ② 4. ①

**듣기 Listening**

1. ④ 2. ①

**말하기 Speaking**

Ⅰ 1. 네, 방이 따뜻합니다 /
아니요, 방이 춥습니다
2. 네, 한국 친구가 많습니다 /
아니요, 한국 친구가 적습니다
3. 네, 오늘 날씨가 좋습니다 /
아니요, 오늘 날씨가 나쁩니다
4. 네, 휴대전화가 있습니다 /
아니요, 휴대전화가 없습니다

**어휘 플러스 Vocabulary Plus - 확인해 보세요**

Ⅰ 1-다), 2-마), 3-나), 4-가), 5-라)

Ⅱ 1-나), 2-라), 3-가), 4-다)

**정리해 보세요**

Ⅰ 1. ③ 2. ② 3. ①

**읽기 Reading**

Ⅰ 1-나), 2-라), 3-가), 4-다)

Ⅱ 1. 기숙사 방이 큽니다 / 좋습니다
2. ① 3. 1) × 2) × 3) ×

Ⅲ 생략

## 3-2

**대답해 보세요**

1. ② 2. ②

**문법 연습 Grammar Practice**

Ⅰ 1-나), 2-다), 3-가)

Ⅱ 1. 크지 않습니다
2. 좋지 않습니다
3. 아름답지 않습니다
4. 신용카드가 없습니다

**정리해 보세요**

Ⅰ 1. ① 2. ③ 3. ②

Ⅱ 1. ② 2. ③

**듣기 Listening**

1. ② 2. ②

**말하기 Speaking**

Ⅰ 1. 방이 큽니다 / 방이 크지 않습니다
2. 날씨가 따뜻합니다 /
날씨가 따뜻하지 않습니다
3. 기분이 좋습니다 / 기분이 좋지 않습니다

**어휘 플러스 Vocabulary Plus - 확인해 보세요**

Ⅰ 1. 우산 2. 신발 3. 휴지 4. 옷

Ⅱ 1-다), 2-가), 3-나), 4-라)

### 정리해 보세요

Ⅰ 1. ③ 2. ③ 3. ② 4. ①

### 읽고 쓰기 Reading and Writing

Ⅰ 1. ③ 2. ④ 3. 1) ○ 2) × 3) ×

Ⅱ 생략

## 4-1

### 대답해 보세요

1. ③ 2. ①

### 문법 연습 Grammar Practice

Ⅰ 1. 우산이 문 뒤에 있어요.
2. 가방이 의자 밑에 있어요.
3. 양말이 서랍 안에 있어요.

Ⅱ 1. 는 2. 은 3. 에는

### 정리해 보세요

Ⅰ 1. ② 2. ①

Ⅱ 1. ○ 2. ○

### 듣기 Listening

1. ④ 2. ②

### 말하기 Speaking

Ⅰ 1. 한국에 있어요 2. 캐나다에 있어요
3. 집 근처에 [학교, 가게..]이/가 있어요.
4. 가방 안에 [책, 볼펜..]이/가 있어요.

### 어휘 플러스 Vocabulary Plus - 확인해 보세요

Ⅰ 안, 아래, 옆, 위, 사이

Ⅱ 1-가), 2-다), 3-나)

### 정리해 보세요

Ⅰ 1. ① 2. ②

Ⅱ 1. ○ 2. × 3. ○

### 읽기 Reading

Ⅰ 1-나), 2-가), 3-다)

Ⅱ 1. 책상, 침대, 컴퓨터
2. ① 3. 1) ○ 2) × 3) ×

Ⅲ 생략

## 4-2

### 대답해 보세요

1. ○ 2. ○ 3. × 4. ○

### 문법 연습 Grammar Practice

Ⅰ 1. 문 뒤에 신발과 우산이 있어요
2. 의자 밑에 모자와 가방이 있어요
3. 서랍 안에 속옷과 양말이 있어요

Ⅱ 1. 도 2. 도 3. 에도

### 정리해 보세요

Ⅰ 1. ① 2. ②

Ⅱ 1. ○ 2. × 3. ○

### 듣기 Listening

1. ② 2. ①

### 말하기 Speaking

Ⅰ 1. 은행과 약국이 저 [건물..]에 있어요
2. 방에 [가방과 책..]이/가 있어요
3. 그 건물에 [약국과 편의점..]이/가 있어요
4. 방에 [엄마와 아빠..]이/가 있어요

### 어휘 플러스 Vocabulary Plus - 확인해 보세요

Ⅰ 1-꽃집, 2-커피숍, 3-식당, 4-빵집

Ⅱ 일, 꽃집, 이, 식당, 삼, 사, 병원, 오, 커피숍

### 정리해 보세요

Ⅰ 1. ○ 2. ○ 3. × 4. ×

Ⅱ 1. ① 2. ③

### 읽고 쓰기 Reading and Writing

Ⅰ 1. 집은 홍대 근처에 있어요.
2. 집 옆에 커피숍과 가게가 있어요.
3. 1) × 2) × 3) ○

Ⅱ 생략

## 5-1

### 대답해 보세요

1. ① 2. ②

### 문법 연습 Grammar Practice

Ⅰ 1. 없어요 2. 좋아요 3. 출발해요

Ⅱ 1. [11시, 12시..]에 자요.
2. [6시, 7시..]에 일어나요.

3. [8시, 9시..]에 학교에 가요.

**정리해 보세요**

Ⅰ 1. ○ 2. × 3. ○ 4. ×

Ⅱ 1. ○ 2. ×

**듣기 Listening**

1. ① 2. ③

**말하기 Speaking**

Ⅰ 1. 출발해요 2. 오후에 쇼핑해요

3. 저녁에 회의해요 4. 밤 10시에 도착해요

5. 새벽 2시에 자요

**어휘 플러스 Vocabulary Plus - 확인해 보세요**

Ⅰ ① 한 시

② 세 시 십오 분

③ 여덟 시 사십 분

④ 열두 시 삼십 분 / 열두 시 반

Ⅱ 1. 아침에 신문이 와요

2. 저는 저녁에 산책해요

3. 저는 밤에 공부해요

4. 저는 새벽/밤에 자요

**정리해 보세요**

Ⅰ 1. ○ 2. × 3. ○

Ⅱ 1. ② 2. ③

Ⅲ 1. ③ 2. ②

**읽기 Reading**

Ⅰ 1. 수업 2. 끝나요 3. 시작합니다

Ⅱ 1. ② 2. 오후 2시에 끝나요

3. 1) ○ 2) ○ 3) ○

Ⅲ 생략

## 5-2

**대답해 보세요**

1. ② 2. ②

**문법 연습 Grammar Practice**

Ⅰ 1. 에 2. 에 3. 에

Ⅱ 1-다), 2-가), 3-나)

**정리해 보세요**

Ⅰ 1. ① 2. ② 3. ③

Ⅱ 1. ○ 2. ○ 3. ×

**듣기 Listening**

1. ② 2. ③

**말하기 Speaking**

Ⅰ 1. [학교, 도서관..]에서 공부해요

2. 회사에서 일해요

3. 백화점에서 쇼핑해요

**어휘 플러스 Vocabulary Plus - 확인해 보세요**

Ⅰ 1. 밥을 먹어요 2. 공부해요

3. 요리해요 4. 기타 쳐요

Ⅱ 1. 산책해요 2. 공부해요

**정리해 보세요**

Ⅰ 1. ③

Ⅱ ②, ①

**읽고 쓰기 Reading and Writing**

Ⅰ 1. 도서관에서 숙제해요 2. ②

3. 1) × 2) × 3) ○

Ⅱ 생략

## 6-1

**대답해 보세요**

1. ③ 2. ④

**문법 연습 Grammar Practice**

Ⅰ 1. 이에요 2. 예요

3. [ ]월 [ ]일이에요

4. [ ]요일이에요

Ⅱ 1. 이 아니에요

2. 가 아니에요

3. 오늘이 아니에요

**정리해 보세요**

Ⅰ 1. × 2. ○ 3. ○

Ⅱ 1. ① 2. ②

**듣기 Listening**

1. ② 2. ②

**말하기 Speaking**

Ⅰ 1. [ ]월 [ ]일이에요

2. [ ]요일이에요

3. 제 생일은 [ ]월 [ ]일이에요

**어휘 플러스 Vocabulary Plus - 확인해 보세요**

Ⅰ 1. 수 2. ② 3. ③

**정리해 보세요**

Ⅰ 1. ② 2. ② 3. ③

Ⅱ 1. ○ 2. × 3. ×

**읽기 Reading**

Ⅰ 1. 언제 2. 몇 3. 얼마 4. 어디

Ⅱ 1. 10월 26일과 27일이에요.

2. 저녁 6시와 8시에 해요.

3. 1) ○ 2) × 3) ×

Ⅲ 생략

## 6-2

**대답해 보세요**

1. ④ 2. ③

**문법 연습 Grammar Practice**

Ⅰ 1. 을 2. 을 3. 를

Ⅱ 1. 토요일에 회사에 안 가요

2. 아침에 빵을 안 먹어요

3. 저는 내일 안 바빠요

4. 동생이 도서관에서 공부 안 해요

5. 날마다 운동 안 해요

**정리해 보세요**

Ⅰ 1. ② 2. ①

Ⅱ 1. × 2. × 3. ○

**듣기 Listening**

1. ① 2. ②

**말하기 Speaking**

Ⅰ 1. 아침에 보통 [밥, 빵..]을/를 먹어요
/ 아침을 안 먹어요

2. 이번 주말에 [친구를 만나요, 공부해요..]

3. 김치를 안 먹어요

**어휘 플러스 Vocabulary Plus - 확인해 보세요**

Ⅰ 1. 읽어요 2. 보내요 3. 써요 4. 줘요

Ⅱ 1. 입어요 2. 써요 3. 씻어요 4. 신어요

**정리해 보세요**

Ⅰ 1. ② 2. ③ 3. ② 4. ①

**읽고 쓰기 Reading and Writing**

Ⅰ 1. 회사 근처 식당에서 점심을 먹어요

2. ② 3. 1) × 2) ○ 3) ×

Ⅱ 생략

## 7-1

**대답해 보세요**

1. ④ 2. ②

**문법 연습 Grammar Practice**

Ⅰ 1. 조용하고 아름답습니다

2. 교통이 편리하고 깨끗합니다

3. 복잡하지 않고 살기가 좋습니다

Ⅱ 1. 더워요 2. 매워요 3. 추워요

**정리해 보세요**

Ⅰ 1. ○ 2. × 3. × 4. ○ 5. ○

**듣기 Listening**

1. ② 2. 1) × 2) ×

**말하기 Speaking**

Ⅰ 생략

**어휘 플러스 Vocabulary Plus - 확인해 보세요**

Ⅰ 1-나), 2-다), 3-가), 4-라)

Ⅱ 1. 도시 2. 시골 3. 폭포 4. 산

**정리해 보세요**

Ⅰ 1. ③ 2. ③

Ⅱ 1. ③ 2. ①

**읽기 Reading**

Ⅰ 1. 경치 2. 사랑해요 3. 수영해요

Ⅱ 1. ② 2. 경치가 아름다워요

3. 1) × 2) × 3) ×

Ⅲ 생략

## 7-2

**대답해 보세요**

1. ④ 2. ④

### 문법 연습 Grammar Practice

Ⅰ 1. 이 불고기가 조금 짜지만 맛있어요.
2. 김치가 맛있지만 조금 매워요.
3. 삼계탕이 건강에 좋지만 자주 먹지는 않아요.

Ⅱ 1. 비빔밥을 먹었어요
2. 백화점에서 쇼핑했어요
3. 영화를 봤어요

### 정리해 보세요

Ⅰ 1. ② 2. ③

Ⅱ 1. × 2. ○ 3. ×

### 듣기 Listening

1. ③ 2. 1) ○ 2) ×

### 말하기 Speaking

Ⅰ 생략

### 어휘 플러스 Vocabulary Plus - 확인해 보세요

Ⅰ 1－다), 2－나), 3－가), 4－라)

Ⅱ 1. 분식집 2. 한식집 3. 중국집 4. 일식집

### 정리해 보세요

Ⅰ 1. ② 2. ③ 3. ①

Ⅱ 1. ○ 2. × 3. ○

### 읽고 쓰기 Reading and Writing

Ⅰ 1. ④ 2. 잡채는 조금 달았지만 맛있었어요.
3. 1) ○ 2) × 3) ×

Ⅱ 생략

## 8-1

### 대답해 보세요

1. ② 2. ②

### 문법 연습 Grammar Practice

Ⅰ 1. 영화를 보고 커피를 마셨어요
2. 밥을 먹고 산책을 했어요
3. 청소를 하고 집에서 쉬었어요

Ⅱ 1. 차를 마시 2. 저녁을 먹
3. 무역 회사에서 일하

### 정리해 보세요

Ⅰ 1. × 2. ○ 3. ×

Ⅱ 1. ① 2. ③

### 듣기 Listening

1. ① 2. 1) ○ 2) ○

### 말하기 Speaking

Ⅰ 생략

### 어휘 플러스 Vocabulary Plus - 확인해 보세요

Ⅰ 1－다), 2－가), 3－라), 4－나)

Ⅱ 1. 데이트를 하다 2. 소개팅을 하다
3. 운동을 하다

### 정리해 보세요

Ⅰ 1. ① 2. ② 3. ③

Ⅱ 1. × 2. ○

### 읽기 Reading

Ⅰ 생략

Ⅱ 1. 이번 주 금요일이에요(10월 21일이에요)
2. ③ 3. 1) × 2) ○ 3) ×

Ⅲ 생략

## 8-2

### 대답해 보세요

1. ③ 2. ①

### 문법 연습 Grammar Practice

Ⅰ 1. 아침에 샌드위치를 만들어서 점심 때 먹어요
2. 휴가를 가서 사진을 많이 찍었어요
3. 연휴에 친구를 만나서 미술관에 갔어요

Ⅱ 1. 배울 거예요
2. 친구들과 휴가를 갈 거예요
3. 좀 쉴 거예요

### 정리해 보세요

Ⅰ 1. × 2. ○ 3. ○

Ⅱ 1. ② 2. ③

### 듣기 Listening

1. ④ 2. 1) × 2) ○

### 말하기 Speaking

Ⅰ 생략

### 어휘 플러스 Vocabulary Plus - 확인해 보세요

Ⅰ 1－다), 2－나), 3－라), 4－가)

Ⅱ 1. 계획을 세우다

2. 계획이 없다

3. 계획을 취소하다

**정리해 보세요**

Ⅰ 1. ① 2. ③ 3. ①

Ⅱ 1. ○ 2. ○ 3. ×

**읽고 쓰기 Reading and Writing**

Ⅰ 1. ③

2. 명동에 가서 점심을 먹고 쇼핑을 할 거예요

3. 1) × 2) ○ 3) ×

Ⅱ 생략

## 9-1

**대답해 보세요**

1. ③ 2. ④

**문법 연습 Grammar Practice**

Ⅰ 1. 생일 파티를 할까요 2. 선물을 살까요

3. 송별회를 할까요

Ⅱ 1. 같이 파티를 해요 2. 만나요

3. 같이 돌잔치에 가요

**정리해 보세요**

Ⅰ 1. ○ 2. × 3. ○

Ⅱ 1. ② 2. ①

**듣기 Listening**

1. ④ 2. 1) ○ 2) X

**말하기 Speaking**

Ⅰ 생략

**어휘 플러스 Vocabulary Plus - 확인해 보세요**

Ⅰ 1-가), 2-라), 3-나), 4-다)

Ⅱ 1. 집들이 2. 송별회 3. 돌잔치

**정리해 보세요**

Ⅰ 1. ① 2. ② 3. ③

Ⅱ 1. × 2. ○ 3. ×

**읽기 Reading**

Ⅰ 1. 그리고 2. 그래서 3. 그런데

Ⅱ 1. ① 2. 4시, CUK백화점 앞

3. 1) × 2) ○ 3) ×

Ⅲ 생략

## 9-2

**대답해 보세요**

1. ② 2. ②

**문법 연습 Grammar Practice**

Ⅰ 1. 아프니까

2. 그 날은 다른 약속이 있으니까

Ⅱ 1. 공부하세요 2. 앉으세요 3. 주문하세요

**정리해 보세요**

Ⅰ 1. ○ 2. ○ 3. ×

Ⅱ 1. ① 2. ①

**듣기 Listening**

1. ③ 2. 1) ○ 2) ○

**말하기 Speaking**

Ⅰ 생략

**어휘 플러스 Vocabulary Plus - 확인해 보세요**

Ⅰ 1-다), 2-가), 3-나), 4-라)

Ⅱ 1. 정하다 2. 변경하다 3. 취소하다

**정리해 보세요**

Ⅰ 1. ○ 2. ○ 3. ○

Ⅱ 1. ① 2. ① 3. ②

**읽고 쓰기 Reading and Writing**

Ⅰ 1. ①

2. 일이 안 끝났어요

3. 1) × 2) ○ 3) ×

Ⅱ 생략

## 10-1

**대답해 보세요**

1. ③ 2. ②

**문법 연습 Grammar Practice**

Ⅰ 1. 차가 막혀서 늦었어요

2. 너무 피곤해서 일찍 잤어요

3. 친구를 만나서 기뻤어요

Ⅱ 1. 책을 사러 가요

2. 우체국에 편지를 보내러 가요

3. 은행에 돈을 찾으러 가요

### 정리해 보세요

Ⅰ 1. × 2. ○ 3. ○

Ⅱ 1. ② 2. ①

### 듣기 Listening

1. ② 2. 1) × 2) ○

### 말하기 Speaking

Ⅰ 생략

### 어휘 플러스 Vocabulary Plus - 확인해 보세요

Ⅰ 1-라), 2-가), 3-나), 4-다)

Ⅱ 1. 항공편 2. 배편

### 정리해 보세요

Ⅰ 1. ① 2. ③ 3. ③ 4. ①

### 읽기 Reading

Ⅰ 1. 쉬 2. 회의 3. 약사

Ⅱ 1. ④ 2. 약사 회의가 있어서 쉽니다.
3. 1) ○ 2) ○ 3) ×

Ⅲ 박미나, 3번, 2013년 8월 7일

## 10-2

### 대답해 보세요

1. ④ 2. ③

### 문법 연습 Grammar Practice

Ⅰ 1. 내일 날씨가 좋을까요
2. 지민 씨가 언제쯤 학교에 올까요
3. 지금 준수 씨가 집에 있을까요

Ⅱ 1. [내일, 금요일..]에 나올 거예요
2. [일주일..]이/가 걸릴 거예요
3. [신분증, 여권..]이/가 필요할 거예요

### 정리해 보세요

Ⅰ 1. ③ 2. ① 3. ②

Ⅱ 1. ○ 2. ○ 3. ×

### 듣기 Listening

1. ② 2. 1) ○ 2) ×

### 말하기 Speaking

Ⅰ 1. 아마 좋을 거예요 / 아마 나쁠 거예요
2. [2주일..] 정도 걸릴 거예요
3. 아마 [2시간..] 정도 걸릴 거예요

### 어휘 플러스 Vocabulary Plus - 확인해 보세요

Ⅰ 1-나), 2-가), 3-라), 4-다)

Ⅱ 1. 출국 2. 입국 3. 여권

### 정리해 보세요

Ⅰ 1. ③ 2. ① 3. ② 4. ②

### 읽고 쓰기 Reading and Writing

Ⅰ 1. 구청에 여권을 신청하러 갔어요.
2. ④ 3. 1) × 2) × 3) ×

Ⅱ 생략

## 11-1

### 대답해 보세요

1. ③ 2. ①

### 문법 연습 Grammar Practice

Ⅰ 1. 예쁜 옷 2. 큰 가방 3. 밝은 색

Ⅱ 1. 파란 2. 어때요 3. 빨간

### 정리해 보세요

Ⅰ 1. ○ 2. × 3. ○

Ⅱ 1. ③ 2. ②

### 듣기 Listening

1. ④ 2. 1) × 2) ×

### 말하기 Speaking

Ⅰ 생략

### 어휘 플러스 Vocabulary Plus - 확인해 보세요

Ⅰ 1-라), 2-나), 3-다), 4-가)

Ⅱ 1. 꽃 가게 2. 신발 가게 3. 백화점 4. 시장

### 정리해 보세요

Ⅰ 1. × 2. ○ 3. ○

Ⅱ 1. ① 2. ②

### 읽기 Reading

Ⅰ 1. 세일하니까 2. 놓쳤어요
3. 수영복 4. 기회

Ⅱ 1. 여름옷, 수영복
2. ④ 3. 1) ○ 2) × 3) ○

Ⅲ 생략

## 11-2

### 대답해 보세요

1. ④ 2. ②

### 문법 연습 Grammar Practice

Ⅰ 1. 친구에게 편지를 보냈어요
2. 동생에게 말했어요
3. 아버지께 드리고 싶어요

Ⅱ 1. 깎아 주세요 2. 보여 주세요

### 정리해 보세요

Ⅰ 1. ○ 2. × 3. ×

Ⅱ 1. ② 2. ① 3. ①

### 듣기 Listening

1. ④ 2. 1) × 2) ○

### 말하기 Speaking

Ⅰ 생략

### 어휘 플러스 Vocabulary Plus - 확인해 보세요

Ⅰ 1. 유행해요 2. 인기가 있어요
3. 깎아 주세요 4. 포장해 주세요

Ⅱ 1-나), 2-다), 3-라), 4-가)

### 정리해 보세요

Ⅰ 1. ① 2. ③ 3. ③

Ⅱ 1. ○ 2. × 3. ○

### 읽고 쓰기 Reading and Writing

Ⅰ 1. ① 2. 까만색 코트, 귀여운 모자와 스카프
3. 1) × 2) × 3) ○

Ⅱ 생략

## 12-1

### 대답해 보세요

1. ② 2. ①

### 문법 연습 Grammar Practice

Ⅰ 1. 로 2. 로 3. 로

Ⅱ 1. 요리하 2. 신문을 읽 3. 사

### 정리해 보세요

Ⅰ 1. × 2. × 3. ○

Ⅱ 1. ① 2. ② 3. ③

### 듣기 Listening

1. ① 2. 1) × 2) ×

### 말하기 Speaking

Ⅰ 생략

### 어휘 플러스 Vocabulary Plus - 확인해 보세요

Ⅰ 1-다), 2-라), 3-가), 4-나)

Ⅱ 1. 버스 정류장 2. 고속버스 터미널 3. 지하도

### 정리해 보세요

Ⅰ 1. × 2. ○ 3. × 4. ×

### 읽기 Reading

Ⅰ 1. 요금 2. 특실 3. 첫 차 4. 마지막 차

Ⅱ 1. ③ 2. 2시간 40분(두 시간 사십 분)
3. 1) × 2) ○ 3) ×

Ⅲ 생략

## 12-2

### 대답해 보세요

1. ③ 2. ③

### 문법 연습 Grammar Practice

Ⅰ 1. 에서, 까지 2. 에서, 까지 3. 에서

Ⅱ 1. 오른쪽으로 가세요
2. 똑바로 가세요

### 정리해 보세요

Ⅰ 1. × 2. × 3. ○

Ⅱ 1. ② 2. ① 3. ①

### 듣기 Listening

1. ② 2. 1) ○ 2) ×

### 말하기 Speaking

Ⅰ 1. 집에서 학교까지 [버스로, 지하철로..] 가요
2. 집에서 학교까지 [10분, 1시간..] 걸려요
3. 서울에서 뉴욕까지 [비행기로 10시간..] 걸려요

### 어휘 플러스 Vocabulary Plus - 확인해 보세요

Ⅰ 1. 동쪽 2. 서쪽 3. 남쪽

Ⅱ 1. 직진 2. 우회전 3. 좌회전

### 정리해 보세요

Ⅰ 1. ○ 2. ○

Ⅱ 1. ③ 2. ①

### 읽고 쓰기 Reading and Writing

Ⅰ 1. ② 2. 버스, 지하철

3. 1) × 2) × 3) ○

Ⅱ 생략

## 13-1

### 대답해 보세요

1. ② 2. ④

### 문법 연습 Grammar Practice

Ⅰ 1. 공부하는 2. 저기 지금 오는

3. 좋아하는 4. 부르는

Ⅱ 1. 아는 2. 놉 3. 멉

### 정리해 보세요

Ⅰ 1. ○ 2. ○ 3. × 4. ×

Ⅱ 1. ① 2. ③

### 듣기 Listening

1. ① 2. 1) × 2) ×

### 말하기 Speaking

Ⅰ 생략

### 어휘 플러스 Vocabulary Plus - 확인해 보세요

Ⅰ 1-다), 2-라), 3-나), 4-가)

Ⅱ 1. 동물원 2. 박물관

### 정리해 보세요

Ⅰ 1. ○ 2. × 3. ○

Ⅱ 1. ② 2. ③

### 읽기 Reading

Ⅰ 1. 시티투어 버스 2. 유명해요 3. 관광지

Ⅱ 1. ④ 2. 1)-다), 2)-나), 3)-가)

3. 1) × 2) ○ 3) ×

Ⅲ 생략

## 13-2

### 대답해 보세요

1. ② 2. ①, ③

### 문법 연습 Grammar Practice

Ⅰ 1. 본 2. 호주에서 온 3. 중학교 때 만난

Ⅱ ① 맛있는 ② 매운 ③ 간 ④ 갈 ⑤ 살

Ⅲ 1. ② 2. ③

### 정리해 보세요

Ⅰ 1. × 2. × 3. ○

### 듣기 Listening

1. ② 2. 1) × 2) ×

### 말하기 Speaking

Ⅰ 1. 내일 볼 영화는 [타이타닉..]이에요/예요

2. 저녁에 먹을 음식은 [불고기..]이에요/예요

3. 주말에 할 일은 [청소..]이에요/예요

### 어휘 플러스 Vocabulary Plus - 확인해 보세요

Ⅰ 1-나), 2-라), 3-가), 4-다)

Ⅱ 1. 출발했어요 2. 막혔어요

3. 도착했어요 4. 걸렸어요

### 정리해 보세요

Ⅰ 1. × 2. ○

Ⅱ 1. ① 2. ② 3. ③

### 읽고 쓰기 Reading and Writing

Ⅰ 1. 천지연 폭포, 한라산

2. ① 3. 1) × 2) × 3) ×

Ⅱ 생략

## 14-1

### 대답해 보세요

1. ① 2. ②

### 문법 연습 Grammar Practice

Ⅰ 1. 열심히 공부하면 2. 잠이 오지 않으면

3. 돈이 많으면 4. 창문을 열면

Ⅱ 1. 집에 일찍 올게요 2. 열심히 공부할게요

3. 네, 꼭 답장할게요 4. 6시쯤 전화할게요

### 정리해 보세요

Ⅰ 1. ○ 2. ○ 3. ×

Ⅱ 1. ② 2. ①

### 듣기 Listening

| 예약 요일 | □월 □화 □수 □목 ■금 □토 □일 | |
|---|---|---|
| 예약 시간 | 1 시 | |
| 예약하는 사람 | 성함 | 이지민 |
| | 전화번호 | 010- 4058 - 6897 |

### 말하기 Speaking
Ⅰ 1. 겨울이 되면 [스키장에 가고 싶어요]
2. 시간이 많으면 [스페인어를 배울 거예요]
3. 꼭 연락할게요
4. 일찍 갈게요

### 어휘 플러스 Vocabulary Plus - 확인해 보세요
Ⅰ 1-가), 2-다), 3-나), 4-라)
Ⅱ 생략

### 정리해 보세요
Ⅰ 1. ○ 2. ×
Ⅱ 1. ① 2. ②

### 읽기 Reading
Ⅰ 1. 문자 메시지 2. 연락해요 3. 확인하
Ⅱ 1. ③ 2. 공일공의 오삼삼칠의 삼공일공
3. 1) × 2) ○ 3) ○

## 14-2

### 대답해 보세요
1. ① 2. 영화를 보다 → 점심을 먹다

### 문법 연습 Grammar Practice
Ⅰ 1. 이를 닦은 후에 세수를 해요
2. 바지를 입은 후에 양말을 신어요
3. 공부를 한 후에 텔레비전을 봐요
Ⅱ 1. 학교에 가기 전에 신문을 읽어요
2. 수영을 하기 전에 준비 운동을 해요
3. 잠옷을 입기 전에 샤워를 해요

### 정리해 보세요
Ⅰ 1. × 2. ○
Ⅱ 1. ① 2. ③ 3. ③

### 듣기 Listening
1. ④ 2. 1) ○ 2) ○

### 말하기 Speaking
Ⅰ 1. 아침에 일어난 후에 운동을 했어요
2. 친구를 만나기 전에 아르바이트를 했어요
3. 가: 친구를 만난 후에 무엇을 했어요?
나: 친구를 만난 후에 숙제를 했어요
4. 가: 숙제를 한 후에 무엇을 했어요?
나: 숙제를 한 후에 드라마를 봤어요

### 어휘 플러스 Vocabulary Plus - 확인해 보세요
Ⅰ 1. 눌렀어요 2. 신호가 갔어요
3. 핸드폰이 울렸어요
Ⅱ 1. 거기 CUK 대학교이지요? 2. 계세요?
3. 잠깐만 기다리세요 4. 전화 바꿨습니다

### 정리해 보세요
Ⅰ 1. ○ 2. ×
Ⅱ 1. ② 2. ②

### 읽고 쓰기 Reading and Writing
Ⅰ 1. ① 2. 점심을 먹을 거예요.
3. 1) × 2) ○ 3) ×
Ⅱ 생략

## 15-1

### 대답해 보세요
지민-사진 찍기, 친구-음악 듣기

### 문법 연습 Grammar Practice
Ⅰ 1. 비가 올 때 2. 공부할 때
3. 운동할 때 4. 요리할 때
Ⅱ 1. 물어요 2. 걸어서 3. 들어요
4. 자동차에 실어요

### 정리해 보세요
Ⅰ 1. ○ 2. × 3. ○
Ⅱ 1. ② 2. ③

### 듣기 Listening
1. 이재훈 부장-축구, 김과장-골프 2. ③

### 말하기 Speaking
Ⅰ 1. 한가할 때 [등산을 해요, 책을 읽어요..]
2. 밤에 잠이 안 오면 [따뜻한 우유를 마셔요..]
3. 한국어 단어를 모를 때 [사전을 찾아요..]
4. 기분이 안 좋을 때 [잠을 자요, 먹어요..]

### 어휘 플러스 Vocabulary Plus - 확인해 보세요
Ⅰ 1-나), 2-다), 3-가), 4-라)
Ⅱ 1-가), 2-다), 3-라), 4-나)

### 정리해 보세요

Ⅰ 1. × 2. ○ 3. ×

Ⅱ 1. ② 2. ①

### 읽기 Reading

Ⅰ 1. 모여서 2. 돌아올 3. 교통편

Ⅱ 1. ④ 2. 일요일, 대전

3. 1) × 2) × 3) ○

Ⅲ 생략

## 15-2

### 대답해 보세요

1. ② 2. ①

### 문법 연습 Grammar Practice

Ⅰ 1. 지하철은 빨리 가는데 버스는 느려요

2. 저는 축구는 잘 하는데 수영은 잘 못해요

3. 신용카드는 있는데 현금은 없어요

4. 작년에는 비가 많이 왔는데 올해는 비가 많이 안 왔어요

Ⅱ 1. 한국에서 일본이 미국보다 더 가까워요

2. 한국말보다 영어가 더 쉬워요 /
영어보다 한국말이 더 쉬워요

3. 여름보다 겨울을 더 좋아해요 /
겨울보다 여름을 더 좋아해요

4. 시장보다 백화점에 더 자주 가요 /
백화점보다 시장에 더 자주 가요

### 정리해 보세요

Ⅰ 1. ○ 2. × 3. ○

Ⅱ 1. ② 2. ③ 3. ①

### 듣기 Listening

1. ③ 2. 1) × 2) ×

### 말하기 Speaking

Ⅰ 생략

### 어휘 플러스 Vocabulary Plus - 확인해 보세요

Ⅰ 1. 테니스－나) 2. 볼링－나)
3. 야구－가) 4. 스케이트－다)
5. 수영－가) 6. 체조－가)
7. 골프－나) 8. 스키－다)

### 정리해 보세요

Ⅰ 1. ○ 2. ×

Ⅱ 1. ② 2. ③

### 읽고 쓰기 Reading and Writing

Ⅰ 1. ③ 2. 기분이 좋고 건강에도 좋아요

3. 1) × 2) ○ 3) ○

Ⅱ 생략

# 찾아보기 Index

## ㄱ

## ㅅ

## ㅇ

## ㅈ

## ㅊ



## ㅋ



## ㅌ